# ADHD · 자폐인이
# 보는 세계

# ADHD· 자폐인이 보는 세계

왜 가만 있지 못하는 걸까?

왜 분위기 파악을 못 할까?

실수가 많은 이유는?

도대체 왜 남의 말을 안 듣니?

정신과 의사 **이와세 도시오** 지음

**왕언경** 옮김

이아소

주변에 소통이 힘든 이들이 있을 거예요.

그들은 바라보는 세계가

당신과 다를 수 있습니다.

악의 없이 상대에게 실례되는 말을 하기도,

반복적으로 약속을 어기거나 지각을 하기도,

갑자기 울거나 화를 내기도 하는 사람들….

이렇게 다소 '소통이 힘든' 사람들의 말과 행동이

지금까지는 성격이나 인간성의 문제라고 생각했습니다.

하지만 최근에는 그것들 중 상당한 비율이

뇌의 어떤 특성 때문이라는 것이 밝혀졌습니다.

그중 하나가 '발달장애'입니다.

안녕하세요, 정신과 의사 이와세 도시오입니다.

저는 정신의학 전문가로 지금까지 30여 년간 입원과 외래를 포함해

1만 명이 넘는 발달장애인과 그 외의 정신질환이 있는 분, 그런 특성 때문에 당황하고 고민하는 분 들과 만나왔습니다.

이렇게 일을 하면서 거듭 깨닫게 된 점이 있습니다.

바로 발달장애의 특성을 가진 사람과 그렇지 않은 비발달장애인은 사물을 받아들이는 태도나 느끼는 방식이 많이 다르다는 것입니다.

즉 바라보는 세계가 다른 것입니다.

발달장애인은 여전히 조금 유별난 사람, 분위기 파악을 못하는 사람, 칠칠치 못한 사람, 능력이 부족한 사람 등으로 쉽게 치부되곤 합니다.
　주변에 발달장애인이 있으면 어떻게 대해야 할지 고민이 되고 난감해서 스트레스를 받기도 하겠지요. 아이는 어른보다 증상이 심한 경우가 많으니 부모님이라면 고충이 더 클지도 모릅니다.

하지만 발달장애를 가진 사람도 스트레스를 많이 받습니다.
　어릴 때 '조금 유별나다'는 이유로 왕따를 당하기도 하고, 어른이 되고도 고통스러운 일을 반복적으로 경험하다 보니 자기 긍정감이 낮아지기 쉽습니다.

주변 사람들이 그들의 말과 행동을 이해하지 못하는 것처럼, 본인들 역시 주변 사람이 말하는 '보통'이 무엇인지 이해하지 못해 당황할 때가 적지 않습니다.

이해하기 어려운 말과 행동을 하는 것은 인격에 문제가 있어서도, 노력이 부족해서도 아닙니다. 오히려 본인들은 성인이든 아이이든 모두 열심히 노력하는 경우가 많습니다.

한마디로, 발달장애란 뇌 기능의 특성인 것입니다.

발달장애가 있는 사람은 상황을 파악하거나
타인의 감정을 추측하는 뇌의 작용이
비발달장애인보다 약합니다.
선천적인 뇌의 문제이므로 노력만으로는 말과 행동을 개선하기가 쉽지 않습니다.

수치화된 통계자료를 가지고 얘기해보겠습니다.

2019년 일본 문부과학성의 발표[1]를 보면, 통급지도교실[2]에서 학습하는 아동 중 발달장애에 해당하는 ADHD(주의력결핍 과잉행동장애) 아동

---

1  〈2019 통합교육에 의한 지도 실시 상황 조사 결과에 대하여〉.
2  초등·중학생 중 비교적 장애 정도가 가벼운 아이가 각각의 장애에 맞는 개별 지도를 받는 교실 (한국 통합교육에서는 '순회교육'에 해당함).

이 13년 동안 약 15배, ASD(자폐스펙트럼장애) 아동이 약 6.5배 증가했다[3]는 사실을 알 수 있습니다.

제가 일하는 진료실에도 '혹시 발달장애가 아닐까?' 하는 마음에 상담받으러 오는 사람이 늘고 있는 걸 보면 이런 증가세는 성인층에서도 마찬가지겠지요.

물론 발달장애가 갑자기 증가한 것은 아니고, 미디어에서 많이 다루다 보니 자신이나 주변 사람이 해당될지도 모른다고 생각해 클리닉을 방문하게 되었을 것입니다.

이는 예전에는 이런 특성을 가진 많은 사람들이 발달장애를 인지하지 못한 채 남몰래 고통받고 있었다는 것을 의미하기도 합니다.
<u>발달장애 특성을 가진 사람은 결코 특이한 존재가 아닙니다.</u>

예를 들면…

---

3  ADHD 아동 학생은 2006년 1,631명에서 2019년 2만 4,709명으로 증가. ASD 아동 학생은 2006년 3,912명에서 2019년 2만 5,635명으로 증가.

# 당신 주변에 이런 사람은 없습니까?

대화가 잘 안 되고,
상황 파악을 못한다

변화를 극도로 싫어하며,
늘 같은 일만 하고 싶어 한다

큰 소리는 몹시 싫어하고
지하철도 타지 못한다

그렇다면 어떻게 해야 좋을까요?

우선은 본인과 주변 사람들이 발달장애를 바르게 이해하고 대책을 세우는 것이 무엇보다 중요합니다. 가볍게 말을 걸거나 발달장애인과 함께하는 데 필요한 습관을 들이고, 생각을 조금만 달리하면 서로 불편하게 느끼는 행동이나 불안을 줄일 수 있기 때문입니다.

저는 이 책을 통해 발달장애인은 어떻게 세계를 바라보는지 소개하고자 합니다. 왜 그렇게 말하고 행동하는지 그 이유를 구체적으로 설명해드릴 것입니다. 그리고 그들과의 커뮤니케이션 방법도 알려드리겠습니다.

많은 사람이 이 책을 보고 발달장애에 대해 더 잘 이해하게 되어, 그들의 생활 고충과 주변 사람들의 어려움이 조금이라도 완화되기를 진심으로 기원합니다.

정신과 의사 이와세 도시오

## 차례

## 2장 | 행동의 문제

## 3장 | 발달장애인만이 갖고 있는 강점

먼저 제대로 이해해보자!

## ADHD · 자폐란 무엇인가?

일상생활이 어려운 ADHD·ASD인들

# 발달장애는 질병이 아니라, 뇌의 '특성'이다

저는 이 책의 '들어가며'에서 발달장애는 '뇌 기능의 특성'이라고 적었습니다.

원인이 아직 확실하게 밝혀지지는 않았지만, 발달장애는 인간의 마음을 상상하는 '안와전두피질', 감정 표현을 담당하는 '대뇌변연계', 뇌 간의 명령을 컨트롤하는 '전두엽(특히 전두엽 전영역)', 감정이나 공감·자의식에 관여하는 '뇌섬엽' 등의 작용과 연관이 있는 것으로 보입니다.

대뇌변연계는 희로애락이나 쾌·불쾌와 같은 감정을 담당하는 부분입니다. 마음을 억제하지 못하고 충동적으로 울고 웃거나 화를 내는 발달장애의 특성은 대뇌변연계가 과민하거나, 대뇌변연계의 작용을 억제하는 상위의 대뇌신피질 기능이 약하기 때문일 수 있습니다.

또 우리 뇌의 뇌간에서는 항상 '움직여!'라는 액셀 신호를 보내는데, 대뇌의 전두엽은 브레이크 신호를 보냄으로써 그것을 억제하는 역할을 합니다. ADHD의 과잉행동 경향은 브레이크 역할을 하는 전두엽의 작용이 약해서일 수도 있습니다.

전두엽과 측두엽을 나누는 큰 고랑(실비우스열) 안쪽에 있는 뇌섬엽도 발달장애와 관련이 있다고 알려져 있습니다.

뇌섬엽은 지금 내가 슬픈지 혹은 기쁜지 감정 모니터링 활동을 합니다. ASD인 사람은 이 활동이 약해서 자신의 감정을 얼굴에 드러내거나 말로 표현하는 일을 잘 못하는 것입니다.

이런 뇌 기능의 선천적인 편중은 질병이 아닙니다. 어디까지나 '특성'

입니다. 뇌의 개성이 지나치게 강한 사람을 발달장애라고 부르는 것뿐입니다. 이는 선천적인 것이며, 가정환경이나 교육 등 후천적으로 길러지는 부분이 큰 '성격'과는 상당히 다릅니다.

안와전두피질의 작용이 약해서, 타인의 마음을 추측하기 어렵다.

대뇌변연계가 매우 예민해서, 희로애락과 관련된 감정이 자신도 모르게 극단적이기 쉽다.

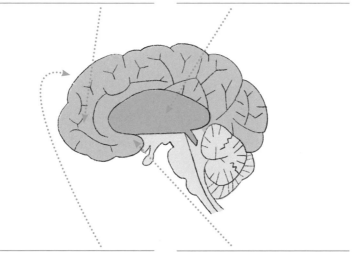

전두엽(특히 전두엽 전영역)의 작용이 약해서, 뇌간이 '움직여!'라고 내리는 명령을 억제하지 못한다.

뇌섬엽의 작용이 약해서, 자신의 감정을 헤아리고 표현하는 데 서툴다.

안와전두피질이나 내측 전두엽 전영역, 뇌섬엽 등은 커뮤니케이션 능력에 크게 관여하기 때문에 '사회적 뇌'라고도 불립니다. 발달장애는 오랫동안 행동 특징으로만 진단되었고, 뇌가 주목받기 시작한 것은 최근입니다. 앞으로 연구를 통해 뇌와의 관련성은 더 확실해지겠지요.

# 주의가 산만해서
# 실수를 연발하는 ADHD

ADHD(Attention-Deficit/Hyperactivity Disorder)는 '주의력결핍 과잉행동장애'라는 명칭처럼 '부주의', '과잉행동·충동성'이 특성으로 잘 알려져 있습니다.

ADHD인은 주의가 산만해 소지품을 잘 잃어버리고 업무 중 실수가 잦습니다. 집중하는 걸 어려워해 세심한 업무나 멀티태스킹을 못합니다. 이야기를 흘려듣는 일도 자주 있습니다. 지각을 하거나, 정리 정돈이 서툴거나, 일을 순서대로 하지 못하는 것도 대부분 부주의가 원인입니다. 또 ADHD인은 끊임없이 몸 어딘가를 움직이며, 가만히 있지 못하기도 합니다.

결과를 생각하지 않고 그때그때 즉흥적으로 움직이기도 하고, 위험한 행동에 나선다거나 말을 이랬다저랬다 바꿔 주변에서는 경솔한 사람으로 보기도 합니다. 충동구매 같은 낭비나 폭언을 쉽게 하고, 아이라면 수업 중에 서서 돌아다니기도 합니다.

'부주의'나 '과잉행동·충동성' 경향은 대부분 성장하면서 완화되어갑니다. 다만 성인이 되고도 약간 남아 있기도 하며, 노력으로 개선하는 데는 한계가 있습니다.

이 두 가지 특성은 미국 정신의학회가 발행하는 《DSM-5(정신질환의 진단 및 통계 편람》 제5판에도 실려 있는데, 저는 여기에 한 가지를 더해 '상처받기 쉽다'는 점도 ADHD의 큰 특성으로 꼽고자 합니다.

ADHD인은 성인이 되어서도 실수를 반복하거나 좋은 평가를 받지 못해 자기 긍정감이 낮은 경우가 많습니다. '또 실패하는 건 아닐까?' 하는 불안에 시달리고 거절당하는 일에 민감해져 있어서, 요즘 '매우 예민한 사람'이라고 불리며 알려지게 된 HSP(Highly Sensitive Person) 적인 성향을 보이기도 합니다.

## ADHD의 3대 특성

과잉행동·충동성

부주의

쉽게 상처받는다

# 변화에 예민하고,
# 커뮤니케이션이 서툰 ASD

ASD(Autism Spectrum Disorder)를 우리말로 옮기면 '자폐스펙트럼장애'입니다. '스펙트럼'이란 '그러데이션'이라는 의미로 예전에는 아스퍼거장애와 고기능 자폐증으로 구별하였으나, 근래 들어서는 비교적 가벼운 증상부터 심한 증상까지 연속되어 있다는 생각에 '자폐스펙트럼장애'라고 한데 묶어 부르게 되었습니다.

ASD의 특성으로는 '커뮤니케이션 장애', '동일성 유지', '감각 과민' 세 가지가 잘 알려져 있습니다.

ASD인은 상대의 말이나 표정의 이면을 추측하는 힘이 약하고, 타인과의 커뮤니케이션이 원활하지 못한 경우가 많습니다. 아이는 주변 친구들과 잘 어울리지 못해 혼자이기가 쉽고, 성인은 '분위기 파악 못하는 사람' 취급을 받기도 합니다. '동일성 유지'란 변화에 약하고 항상 같은 행동을 즐기며 사고방식이 고정되어 있다는 의미입니다. 일정이 갑작스레 변경되는 것이나 환경이 달라지는 것을 극단적으로 싫어하고, 임기응변으로 대응하는 일을 잘 못합니다. 옷 입기라든가 출근 준비, 업무 진행 방식 등 여러 측면에서 자신만의 규칙을 고집스럽게 지키려는 경우도 있습니다. 특정 사물에 집착을 보이기도 하고, 아이의 경우에는 전철이나 자동차에 깊은 관심을 보이며 끝없이 그 장난감만 가지고 놀기도 합니다.

또 청각, 시각, 후각, 촉각, 미각 같은 감각이 생활에 지장을 초래할 정도로 과민한 사람도 있습니다. 반대로 감각이 둔해서 '감각이 둔화·마비'된 사람도 있습니다.

ASD인 중에서도 지적장애가 없고 비교적 증상이 가벼운 아스퍼거 장애는 사회인이 되고 나서야 판명받는 경우도 많습니다. 또 앞서 기술한 ADHD인과 마찬가지로 ASD인 중에서도 '상처받기 쉬운 성향'을 가진 사람이 매우 많습니다.

# ASD, ADHD가 함께 있는 경우, 진단되지 않는 '그레이 존'인 경우

ASD와 ADHD가 반드시 개별적으로 나타나는 것은 아닙니다. ASD 와 ADHD의 특성을 모두 가진 사람도 적지 않고, 어느 한 특성은 강하게, 어느 한 특성은 약하게 나타나기도 합니다.

특성의 발현 형태도 사람마다 제각각이어서, ASD인이라도 사교적이기도 하고, ADHD인이라도 과잉행동·충동성 성향이 나타나지 않기도 합니다. 앞으로 소개할 내용은 어디까지나 경향적인 것이며, 특성의 발현 형태는 십인십색입니다. 따라서 이 책에서는 ASD와 ADHD로 장을 나누지 않고, 어떤 어려움을 겪는지에 따라 그들이 어떻게 세계를 보는지와 그들을 대하는 접근법을 알려주는 방식을 택했습니다.

발달장애의 특성은 있지만 진단 기준을 채우지 못한 '그레이 존(Gray Zone)'에 위치한 사람들도 있습니다. 발달장애 진단은 수많은 기준에 맞춰 진행되기 때문에, 유사한 특성은 있으나 발달장애 진단은 받지 않은 사람들입니다. 이 책은 그런 사람들도 읽어주길 바라면서 썼습니다.

발달장애는 최근에야 주목받게 된 연구 분야이며, 의학적 견해도 달라지고 있습니다. 예를 들면 전에는 지적 발달의 지체가 없는 아스퍼거장애는 자폐증과 구별되었지만, 지금은 모두 ASD로 간주하고 있습니다.

또 주의력결핍장애, 과잉행동장애로 나누어 진단하던 것을 하나로 묶고, 거기에 '충동성'이라는 특징을 추가해 ADHD라고 통합해 진단하게 되었습니다. 증상이 가벼워 발달장애가 아니라고 여겨지던 사람도 발달장애에 포함시키게 되었고, 그레이 존으로 진단되는 사례는 줄었습니다.

 ASD, ADHD, 그레이 존 중 어디에 속하느냐에 집착하기보다는 자신과 주변 사람의 특성을 알고 생활의 불편을 해소하는 안내서로 이 책을 활용하면 좋겠습니다.

발달장애 상담실을 찾는 사람이 늘고 있습니다. 자신의 특성을 안다는 건 나쁜 일이 아닙니다. 주위에 도움을 청하거나 대책을 세울 수 있기 때문입니다.

발달장애가 아니라고 설명해도 받아들이지 않는 사람이 있습니다. 발달장애인 것은 아닐까 의심하며 지나치게 불안해하는 것은 바람직하지 않습니다.

## 중요한 건 자신이 '보는 세계'를 이해하는 것

발달장애인은 그 특성 때문에 주변에서 보기에는 언뜻 이해할 수 없는 말과 행동을 하기 쉽습니다.

반복되는 실수나 이해하기 어려운 사고방식과 행동, 장소에 어울리지 않는 부주의한 발언 때문에 주위 사람은 스트레스를 받으며 '왜 또 저래'라고 생각하게 되는 경우도 적지 않습니다.

ASD인은 상대의 기분을 헤아리지 못하고 분위기를 잘 파악하지 못하니 가족은 그런 말과 행동에 휘둘리게 되지요. 그 결과 정신적으로 피폐해지고 심신에 다양한 부조화가 생기는 '카산드라 증후군'을 겪기도 합니다.

카산드라 증후군은 정식 의학 용어는 아닙니다. 하지만 그런 말이 생겨날 정도면 발달장애인과의 커뮤니케이션이 그만큼 어려운 것이겠지요. 하지만 그러는 데에는 반드시 그들 나름의 이유가 있으며, 본인들 역시 고통받고 있습니다.

발달장애인과 함께 살아가기 위해서는 우선 그들이 '보는 세계'를 이해할 필요가 있습니다. 예를 들면 발달장애인에게는 겉치레로 하는 말이나 빈정거림이 통하지 않습니다. 이럴 때 그 이유가 '뇌의 특성상 말을 글자 뜻 그대로 받아들이기 때문'이라는 것을 안다면 마음이 조금은 진정되겠지요. '발달장애 경향이 있는 사람과 이야기할 때는 매우 직설적으로 표현하려고 노력한다' 같은 대처법을 알아두어도 좋을 것입니다.

발달장애 특성을 가진 사람도 자신의 말이나 태도가 주위 사람들에게 어떻게 받아들여지는지를 알면 평소에 주의해야 할 점이 보일 것입니다. 본인과 주위 사람 모두 상대의 관점으로 발달장애를 이해하면 이전보다 스트레스를 덜 받으며 마음 편히 지내게 될 거예요. 아이라면 가정이나 학교에서 더 안심할 수 있을 것이고, 어른이라면 직장에서 트러블이 줄어 실력을 발휘할 수 있겠지요.

※ 41페이지에서.

이 책은 ADHD인과 ASD인이
보는 세계를 알고 이해함으로써,
더불어 편하게 살기 위해 쓰였습니다.
'나도 그런지 몰라'라고 느끼는 사람도
살아가기가 조금은 수월해질지도 모릅니다.

먼저 시험 삼아
다음 페이지의 리스트에 체크해보세요.
자신에게 어떤 특성이 있는지 안다면,
알맞은 대응책이나 생활 습관을
찾을 수 있을 것입니다.

# ADHD, ASD 체크리스트

ADHD나 ASD인 사람은 앞서 이야기한 것처럼 명확한 특성이 있어서, 의료 현장에서도 그 특성의 유무를 중요한 진단 기준으로 삼습니다. 하지만 여기에서는 그런 점은 신경 쓰지 말고, 편안한 마음으로 체크해봅시다.

## CHECK A ...... / 08

❶ ☐ 차분히 생각해야 하는 일이나 용무에 서툴다.

❷ ☐ 장시간 가만히 있지 못하고, 몸을 비비적거린다.

❸ ☐ 가끔 과도하게 기운이 솟고 의욕이 넘쳐흐른다.

❹ ☐ 회의가 길어지면 못 견디고 자리를 이탈할 때가 많다.

❺ ☐ 한가한 시간이 생기면 곧 뭔가 하고 싶어진다.

❻ ☐ 상대의 말을 끊고 말하고 싶을 때가 있다.

❼ ☐ 순서를 잘 못 기다리고, 내 순서가 늦어지면 조바심이 난다.

❽ ☐ 정리 정돈을 하다가도 다른 데 정신이 팔려 마무리를 못 한다.

## CHECK B ...... / 08

❶ ☐ 예정된 용무나 약속을 자주 잊어버린다.

❷ ☐ 단조로운 일에 집중을 잘 못하고, 단순 실수가 잦다.

❸ ☐ 상대가 말하는 내용이 머리에 들어오지 않을 때가 있다.

❹ ☐ 늘 물건을 깜박하거나 둔 곳을 잊어버린다.

❺ ☐ 잡음이 있는 환경에서는 일이나 공부에 집중하지 못한다.

❻ ☐ 타인의 얼굴이나 전화번호, 주소 같은 것을 잘 못 외운다.

❼ ☐ 계산대에 사람들이 줄을 선 것도 모르고 중간에 끼어들려고 한다.

❽ ☐ 방향치여서 길을 헤맬 때가 많다.

CHECK
C
· · · · · ·
／ 08

❶ ☐ 비판을 받으면 엄청난 슬픔에 빠진다.

❷ ☐ 아무도 나를 좋아하지 않을까 봐 불안하다.

❸ ☐ 실패가 두려워 새로운 일에는 쉽게 도전하지 못한다.

❹ ☐ 미움받는 것이 두렵고, 친구나 애인이라 부를 만한 사람이 없다.

❺ ☐ 조금이라도 나쁜 일이 생기면 최악의 사태를 상상한다.

❻ ☐ 나는 이대로는 가망이 없다는 생각을 늘 한다.

❼ ☐ 상대가 기뻐하길 바라며 과도하게 행동할 때가 있다.

❽ ☐ 나는 남보다 못났다는 생각을 자주 한다.

CHECK
D
· · · · · ·
／ 08

❶ ☐ 일은 타인과 팀으로 하기보다 혼자서 하는 편이 좋다.

❷ ☐ 말이나 태도를 지적받을 때가 자주 있다.

❸ ☐ 파티나 술자리가 불편하고, 참석하면 기분이 나빠진다.

❹ ☐ 타인과의 사소한 잡담에 잘 섞이지 못한다.

❺ ☐ 드라마 등장인물의 생각을 이해하지 못할 때가 있다.

❻ ☐ 모두 웃는 농담의 의미를 모를 때가 있다.

❼ ☐ 상대의 얼굴을 봐도 그 사람의 감정을 알지 못한다.

❽ ☐ 어릴 때 혼자 노는 걸 좋아했다.

CHECK

E

. . . . . .

/ 08

❶ ☐ 단순 작업을 전혀 힘들어하지 않고, 오히려 좋아하는 편이다.

❷ ☐ 계속 떠올리고 싶을 만큼 흥미로운 사물이 있다.

❸ ☐ 규칙성 있는 숫자나 기하학적인 도형을 보면 즐겁다.

❹ ☐ 평소처럼 하루를 보내지 않으면 종일 능률이 오르지 않는다.

❺ ☐ 깨닫고 보니 매일 비슷한 옷만 입고 있다.

❻ ☐ 자잘한 계산이나 틀린 문장 체크는 남보다 잘하는 편이다.

❼ ☐ 책상 위나 방 안의 물건이 제자리에 없으면 싫다.

❽ ☐ 새 친구가 있으면 좋겠다고 생각한 적은 거의 없다.

CHECK

F

. . . . . .

/ 08

❶ ☐ 사물의 작은 소리나 희미한 냄새에 민감하다.

❷ ☐ 누가 간지럽히거나 닿는 것이 불편하다.

❸ ☐ 남보다 더위나 추위를 두 배로 느낄 때가 있다.

❹ ☐ 사람이 붐비는 곳이나 번화가의 시끄러운 소리가 견디기 힘들다.

❺ ☐ 카메라의 플래시 같은 강한 빛이 싫다.

❻ ☐ 처음 접하는 맛은 거북해서 가능한 한 늘 같은 것을 먹고 싶다.

❼ ☐ 피부에 닿는 촉감이 싫어서 장갑이나 머플러는 하고 싶지 않다.

❽ ☐ 무엇이든 우선 냄새로 확인하는 습관이 있다.

각 질문 항목은 아래 문헌 등을 참고로, 저자만의 지식과 견해를 더해 구성했습니다.

1) Baron–Cohen, S.: AQ(2001, Japanese translation, 2004)

2) ADHD working group: ASRS, ver. 1.1(2005)

3) 오타 아쓰시(太田篤志) 외: 감각 발달 리스트 개정판(JSI–R) 표준화에 관한 연구. 감각 통합 장애 연구 9, (2002), 45–56

## A가 많은 당신

### '과잉행동·충동성' 타입

가만히 있는 걸 잘 못하고, 깊은 생각 없이 뭔가를 충동적으로 할 때가 많은 당신. 정리 정돈을 잘 못해서 방이 어질러지기 쉬운 사람도 이런 타입.

## B가 많은 당신

### '부주의' 타입

뭘 잘 잃어버리거나 지각 같은 단순 실수가 많은 당신은 뭔가에 지속적으로 주의를 기울이지 못합니다. 매일 크고 작은 마찰에 휩쓸리고 있지는 않나요?

## C가 많은 당신

### '상처받기 쉬운' 타입

거절당하거나 비난받는 것이 두려워 행동을 제한하는 경향이 있는 당신은 최근 화제가 된 HSP, 즉 '매우 예민한 사람'에 가까울 수 있습니다.

## D가 많은 당신

### '커뮤니케이션 장애' 타입

타인의 기분을 잘 살피지 못하는 당신은 혼자 있는 것이 편하다고 느낄 것입니다. '분위기 파악을 못한다'는 말을 자주 듣는 사람도 이런 타입입니다.

## E가 많은 당신

### '동일성 유지' 타입

특정한 뭔가에 심하게 집착하며, 가능한 한 늘 같은 일만 하고 싶은 당신. 변화에 임기응변으로 대처하지 못해 고민하지는 않나요?

## F가 많은 당신

### '감각 과민' 타입

소리나 냄새, 빛 등에 민감한 당신은 이 세상이 너무 자극적일 수 있습니다. 그 때문에 행동 범위가 좁아지지는 않나요?

**마무리**

결과가 어떤가요? A와 B는 ADHD에서, D에서 F까지는 ASD에서 자주 보이는 특성이고, C는 ADHD와 ASD에 공존하는 특성입니다. 물론 이 테스트만으로 발달장애 진단을 내릴 수는 없습니다. 어디까지나 본인이나 주위 사람의 특성 혹은 성향을 알고, 어려움에 대처하기 위한 기준으로 활용해주세요. 진단은 반드시 의료기관에서 받으시기를 바랍니다.

# 1장

타인과의 관계 속에서 일어나기 쉬운 트러블

## 커뮤니케이션의 어려움

발달장애인과의 사이에서 발생하는 오해에 대처하는 법

# 01

. . . . . . . . .

## 악의는 없는데,
## 사람을 화나게 한다

자기 나름의 견고한 세계관이 있어서 상대의 마음을 잘 살피지 못하고 말을 곧이곧대로 받아들이는 경향이 있는 ASD인. 과잉행동을 하는 경향이 있어서 타인의 이야기를 지긋하게 듣지 못하고, 주의력이 산만해 약속을 지키지 못하는 일이 잦은 ADHD인. 발달장애인은 상대와의 관계성이나 타인의 반응을 읽어내지 못할 때가 많아서 주위 사람이 '헐!' 하고 놀랄 법한, 상황에 맞지 않은 말을 하기도 합니다.

발달장애인은 말과 행동으로 주변 사람을 난처하게 만드는 일이 잦지요. 항상 트러블의 불씨를 안고 사는 것과 같아, 본인도 무척 힘이 듭니다. 특히 사회 화합을 중시하는 문화에서는 이른바 '눈치'라는 것이 있어서 끝까지 말하지 않아도 서로가 이해하는 것을 미덕으로 여기고는 합니다. 하지만 ASD인이나 ADHD인은 분위기를 살피는 것을 매우 어려워하고 전혀 못 하기도 합니다.

다음 페이지의 사례를 읽고 그 '원인'을 이해한다면, 그런 말과 행동을 자연스럽게 받아들일 수 있을 것입니다.

# 01 생각이 유연하지 못해, 기분 상하는 대답을 한다

A 씨(18세, 남성)는 ASD 환자입니다.

진료실에 들어온 그에게 "기분은 좀 어떤가요?" 하고 물었습니다. 그러자 "제 기분을 선생님께 이야기하는 게 무슨 의미가 있나요?"라는 답변이 돌아왔습니다. 상담 선생님이 따로 있는 A 씨에게 저는 '약을 처방해주는 사람'일 뿐이었습니다. 그는 저를 약과 관련된 것 이외의 대화를 할 이유는 없는 상대라고 생각한 것입니다.

비발달장애인은 진료 시 의사로부터 몸 상태가 어떠냐는 질문을 받았을 때 마음속으로는 '이 선생님과는 할 얘기도 없으니 약만 처방해주면 좋을 텐데'라고 생각하더라도, "그저 그렇습니다"라는 식의 무난한 대답을 했겠지요.

하지만 ASD인은 '이것은 이렇다'는 완고한 생각과 자기 나름의 세계관 때문에 사고가 매우 경직되어 있기도 합니다. 자신의 세계관을 바꾸면서까지 상황이나 상대에 맞춰 이야기하기는 매우 어렵습니다. 이 때문에 상대를 당황하게 만드는 발언을 하는 것입니다.

자신의 세계관이 있어, 유연하게 대응하지 못한다

그런 걸 선생님께 이야기한들 무슨 의미가 있나요?

안부 인사차 물어본 것뿐인데.

하지만 본인은…

아무 의미도 없는 걸

물어 보시는군.

의사 선생님 = 약을 처방해주는 사람

상담 선생님 = 이야기를 들어주는 사람

## 왜 그런 쓸데없는 걸 해야 하지?

최근의 컨디션이나 고민거리에 관해 이야기를 나눌 사람은 상담 선생님이잖아? 정신과 선생님은 약만 처방해주면 그만일 텐데, 왜 괜한 걸 묻는 걸까? 두 번이나 같은 말을 하는 건 시간 낭비인 데다, 듣고 싶으면 상담 선생님께 물으면 될 것. – A 씨(18세, 남성)

## 본인 나름의 세계관이 있음을 이해하고, 정중하고 구체적으로 설명해 알려주자

---

( 포인트! )

- 악의는 없다. 스스로에게 정직했을 뿐.
- 본인은 상대가 화내는 이유를 모른다.
- ➡ 화내지 말고, 그 사람의 특성이라 이해하며 대응한다.

ASD인은 자신의 세계관에 따라 생각한 것을 정직하게 말하는 경향이 있습니다. 그 세계관은 매우 견고해서 ASD인은 상대의 기분을 잘 헤아리지 못하고 기분이 상한 이유를 알지 못하기도 합니다. "그건 실례야!" 하고 언성을 높여도 위축되기는커녕 더 강하게 자기 생각을 주장하고 반론하는 경우가 적지 않습니다.

주위 사람은 우선 그들에게 나름의 세계관이 있다는 특성을 이해해줍시다. 그런 다음 상대에게도 상대의 생각이 있다는 것과 정면으로 부정당할 때 어떻게 느끼는지를 정중하고 구체적으로 설명합니다. 약간의 시간차를 두고 말하거나 제삼자가 이야기해보는 것도 효과적입니다. 이런 경험을 쌓으면 '자신의 세계관'에 집착하지 않는 방법을 조금씩 배워갈 수 있습니다.

---

'어쩌면 나도?'라고 생각하는 당신에게  **생활 힌트!**

## 말해도 좋은 것과 좋지 않은 것, 어떻게 판단해야 할까요?

### 약간의 시차를 두고 이야기하자

틀린 말을 하는 것도 아닌데 상대를 화나게 만드는 당신은 말을 너무 직설적으로 하는지도 모릅니다. 뭔가를 말하기 전에 약간의 시차를 두고, '이런 말을 하면 상대가 어떻게 느낄까?' 생각한 후에 말하도록 합니다. 자신이 한 말에 상대가 싫은 표정을 보인다면 다음부터는 표현을 부드럽게 해보는 것도 좋겠습니다. 이점을 의식하기만 해도 많이 달라질 것입니다.

# 02 빈말이 안 통하고, 말을 있는 그대로 받아들인다

발달장애인은 상대의 말을 문자 그대로 받아들이는 경향이 있습니다. 마감 시간 내에 끝내지 못할 것 같은 업무 때문에 선배에게 도움을 받은 ASD인 K 씨(26세, 여성)의 사례입니다. 겨우 일을 끝마쳤을 때, 선배가 "이번에는 나도 여러모로 배운 게 있네. 일이 늦은 동료 덕분에 말이야. 고마워"라고 말했다고 합니다. 다른 사람 같으면 자신을 비꼰 말을 듣고 속상했을 텐데, K 씨는 그 말을 그대로 받아들이고는 '내가 부탁하길 잘했나 봐'라고 생각하며 "정말이에요? 다행이에요"라고 대답했다고 합니다. 선배는 완전히 화가 났지만, K 씨는 그 이유를 알 수 없었습니다.

상대의 표정을 보거나 목소리를 듣고 '이건 진짜 그렇다는 의미가 아니구나'라고 짐작할 만한 일을 K 씨는 곧이곧대로 받아들이고 맙니다. 타인의 마음을 헤아리는 일에 서툴러, 말의 의미와 속마음이 다른 표현은 잘 이해하지 못합니다. 그래서 빈말이나 립서비스를 있는 그대로 받아들일 때도 있으며, 대화를 끝내고 싶을 때 말없이 시계를 보는 것 같은 '암묵적 규칙'도 이해하지 못합니다.

## 말의 이면을 읽어내지 못한다

저 인간,
"다행이에요"
라니.
진심?

하지만 본인은…

선배가
기뻐하는 걸
보니
부탁하길
잘했어!

## 어? 화난 거였어? 타인의 본심을 알지 못한다!

선배는 '고맙다'고 말했다. '여러모로 배운 게 많다'고도 했으니, 경험을 쌓기 위해 전부터 내 일에 관심을 가졌던 건지도 모르겠다고 생각했다. 어쨌든 좋아해주었으니 내가 도움을 청한 게 다행이라고 생각했는데…. 싫으면 싫다고 말해주면 좋았을걸. - K 씨(26세, 여성)

포인트!

- 빈정거림이나 싫은 내색, 겉치레로 하는 말은 통하지 않는다.
- 자신이 말의 이면을 읽어내지 못한다는 걸 깨닫지 못하는 경우가 많다.
- ➡ 일반 사람과는 감각이 다르다는 점을 이해하자.

특성의 정도에 따라 다르겠지만, ASD인은 타인이 하는 말의 이면을 읽어내지 못한다는 걸 자각하지 못하기도 합니다. "그건 보통 이런 의미잖아요"라고 설명해도, 애초에 '보통'이 무엇인지 모르는 경우도 적지 않습니다. 그래서 발달장애인에게는 하고 싶은 말이나 전달하고 싶은 사항을 의미 그대로, 직설적으로 하는 것이 중요합니다.

만약 화가 치밀어 오를 것 같으면, 발달장애인은 비발달장애인과는 다른 감각을 가졌다는 점을 의식적으로 생각해보세요.

예를 들면 선물을 줄 때 "약소하지만 받아주세요"라는 말을 하곤 하는데요. 문화적인 배경이 다른 외국인에게는 자연히 그런 표현을 피하게 되지 않나요? 이처럼 '다른 문화를 가진 사람'이라는 생각으로 대하는 것도 발달장애인과 교류하는 방법 중 하나입니다.

**'어쩌면 나도?'라고 생각하는 당신에게  생활 힌트!**

## 왜 마음에도 없는 말을 하지? 그 이유를 모르겠습니다

### 굳이 반대로 말하는 것이 인간관계의 지혜

우리는 선배가 K 씨에게 그랬던 것처럼 에두른 표현으로 깨달음을 촉구하기도 하고, 본심이 아닌 아첨이나 겉치레 말을 하기도 하며 인간관계를 유지하고 있습니다. 살아가기 위한 지혜라고 이해합시다. 그래도 너무 답답하면 주위 사람에게 되도록 직설적으로 말해달라고 부탁해보세요. 환경이 허락된다면 "제가 발달장애 성향이 있는 것 같아서요"라고 덧붙여도 좋습니다.

# 03 상대 말을 경청하지 못하고, 안절부절, 우왕좌왕, 재잘재잘

발달장애 중에서도 ADHD인은 주의 산만과 과잉행동 두 가지 특성을 갖고 있어서, 의자에 가만히 앉아 있는다거나 타인의 이야기를 집중해서 듣는 것을 힘들어합니다. 특히 아이들은 그런 경향이 매우 심하기도 합니다.

성인 ADHD인도 흥미 없는 이야기에는 주의를 기울이지 못하고 잘듣지 못하는 경향이 있습니다. 상대가 말하는 도중에 끼어들어 자기 얘기를 하거나 그냥 멍하니 있는 경우도 많습니다.

엄마에게 이끌려 진료실에 들어온 ADHD인 D(9세, 여아)는 의자에 앉는가 싶더니 곧 바닥에서 뒹굴고 있었습니다. 제가 "D야, 잠깐 이야기 좀 할까?"라고 말해도 잠깐 눈길만 주고는 곧바로 외면해버렸지요. 그러고는 책장에 놓인 봉제 인형을 발견하자마자 달려가서 집어 들고 큰 소리로 말하기 시작했습니다. 그때 D의 시야에는 저와 어머니가 들어오지 않았던 것입니다. 물론 대화 같은 것도 이루어지지 않았습니다.

**주의 산만과 과잉행동은 ADHD의 특성**

주변에서 보면

하지만 본인은…

## 너무 수선스러워서 정말이지 진땀이 납니다

우리 아이는 언제, 어디를 데려가도 가만히 있지 못합니다. 병원이나 학교 면담 때도 선생님 말씀을 안 듣고 계속 주절대거나 돌아다녀서 정말 난처합니다. 평범하게 일하는 어른으로 자랄 수 있을지 걱정입니다. – D(9세, 여아)의 어머니

시각 정보가 더 전달하기 쉬우니,
그림이나 문자를 보여주면서 대화할 방법을 찾자

앉자

포인트!

- 청각 정보는 전달이 잘 안 되는 경우도 있다.
- 흥미 없는 이야기에는 집중을 잘 못한다.
➡ 시각 정보로 바꿔주는 방법을 써보자.

발달장애인은 청각 정보에 약하고, 시각 정보가 우위에 있는 경향이 있습니다. 귀로 전달되는 말만으로는 이해하기 힘들어하기도 하니 집중하기를 바랄 때는 종이에 그린 그림이나 문자를 보여주면서 대화를 시도해보세요. 예를 들면, 앉아 있는 아이의 그림과 '앉는다'라고 적힌 종이를 준비해두고 그것을 보여주며 앉게 합니다. 그런 다음 눈앞에서 문자나 간단한 그림을 그려가며 이야기한다면 조금은 집중력을 유지할 수 있을 것입니다.

성인 발달장애인도 마찬가지입니다. 시각 정보가 받아들이기에 더 쉬우니 말뿐만이 아니라 컴퓨터나 스마트폰의 검색 화면, 프레젠테이션 자료, 메모 혹은 화이트보드를 사용하면서 대화하기를 추천합니다.

'어쩌면 나도?'라고 생각하는 당신에게 **생활 힌트!**

## 가만히 있지 못하는 아이에게 불쑥 화가 치밉니다

### 감정적으로 꾸짖으면 역효과만 날 뿐

집중하지 못하는 특성은 아이 본인의 어지간한 노력으로는 잘 바뀌지 않습니다. 감정적으로 화를 내거나 꾸짖으면 역효과가 납니다. 안정감을 더 잃어버릴 수도 있습니다. 냉정하게 마주 보고, 침착하게 타이릅니다. 또 장난감이 흐트러져 있거나 해서 흥미를 가질 대상이 많을수록 마음이 산만해지니, 방을 깨끗이 치워두는 것도 도움이 됩니다.

# 04 굳게 한 약속을 어째서? 중요한 약속도 지키지 않는 이유

성인이든 아이이든 발달장애인은 '약속을 지키지 않는' 증상을 상당히 자주 보입니다. 중요한 약속도 빈번히 어깁니다. 이유가 명확하지는 않지만, 일의 우선순위를 정하는 데 어려움을 겪는 특성과 관련이 있을 수 있습니다. 비발달장애인처럼 '이것을 가장 먼저 하고, 다음에는 저것을 해야지' 하고 판단하기가 어려워, 무심코 간단한 일부터 손을 대는 사이에 중요 과제가 누락되고 마는 것입니다.

ADHD인 회사원 T 씨(30세, 여성)는 중요한 자료 만들기나 단골 거래처 방문, 회의 등의 약속을 자꾸 잊어버리다가 결국은 상사로부터 주의를 들었다고 합니다.

또 발달장애인 중에는 약속을 기억하기는 하지만, 고의로 지키지 않는 사람도 있습니다. 이것은 약속 자체보다는 자신의 마음을 우선하기 때문입니다. 약속의 중요도를 인지하지 못하기 때문에 자기 안의 '가고 싶지 않다, 하고 싶지 않다'는 마음이 '약속은 지켜야 한다'는 마음을 넘어서버리는 것입니다.

**우선순위를 정하지 못해서, 약속을 어긴다**

업무 A
- 금일 제출
- 매우 중요한 클라이언트
- 최우선!

업무 B
- 다음 주 제출

업무 C
- 할 수 있을 때

업무 D
- 안 해도 상관없다

## 일정표에 적혀 있으니, 알고는 있었지만….

제출일에 맞춰 작성하지 못한 서류 때문에 상사로부터 "뭐 하는 겁니깨"라는 질책을 들었다. 일정표에 적혀 있기는 했지만, 그렇게 중요한 일인지 몰랐다. 복잡한 서류라서 뒤로 미루긴 했어도, 조만간 하려고 생각했는데…. – T 씨(30세, 여성)

## 스마트폰으로 잊지 않게 '장치'를 해두고, 주변 사람이 '중요도'를 알려준다

절대로 잊으면 안 되는 중요한 약속이나 일정은 모두 스마트폰에 기록하게 합니다. 스마트폰의 기능을 충실히 사용했더니 문제를 줄일 수 있었다는 사람이 많았습니다. 아주 중요한 일정은 색을 달리하거나, 전날에 리마인드 알람을 해둡니다.

특히, 중요한 약속인 경우에는 스마트폰에 입력하는 것을 직접 확인하면서 "이것은 정말 중요한 사항이에요"라고 덧붙이며 메모를 건네면 효과가 있습니다. 혼자서는 자각하지 못했더라도 그러면 약속의 중요성을 깨닫게 되겠지요.

더불어 주변 사람들이 해당 정보를 공유해 일정이 가까워질 때 한번 물어보고 은근히 지켜봐준다면 마음을 놓아도 될 것입니다.

자녀의 경우에도 스마트폰이나 손목시계의 알람 기능을 활용하게 하면 좋습니다.

---

**'어쩌면 나도?'라고 생각하는 당신에게  생활 힌트!**

## 잘 기억만 한다고 중요한 약속을
## 지킬 수 있을까?

### 기억함과 동시에 문명의 이로운 기기도 활용하자

다른 일을 하느라 자기도 모르게 중요한 약속을 방치해버리는 것은 비발달장애인에게도 있는 일입니다. 하지만 그것이 '특성'인 경우, 기억만으로는 개선하기 어렵겠지요. 모든 것을 잊지 않으려 무리하지 말고, 스마트폰을 이용해 중요한 약속을 되새기도록 합시다. 클라우드 기능을 사용하면 혹시 휴대폰을 잃어버려도 다른 기기로 대처할 수 있습니다.

# 05 사실이라 해도 말하면 곤란하죠! 왜 분위기 파악을 못할까?

T 씨(28세, 남성)는 회사 회식에 참석했습니다.

다음 날 아침, 모두가 있는 자리에서 갑자기 부장님에게 이런 말을 내뱉었습니다. "어제 술자리에서 부장님 자기 자랑 진짜 길었잖아요! 이야~ 다들 재미없어하더라고요."

본인은 악의 없이 한 말이었지만 부서 안에 한순간 긴장감이 감돌았습니다. 나중에 동료로부터 "그분은 부장님이잖아요. 제발 분위기 파악 좀 해요"라는 말을 듣고 당황스러웠다고 합니다.

주변을 살피지 않고 늘 사실을 말하는 T 씨는 ASD입니다.

ASD인은 타인과 대화할 때 '자신이 보고 있는 사실 그 자체'를 중시하고, 인간관계에는 무관심한 면이 있습니다. 상대나 주변 사람의 표정, 목소리 톤, 동작을 읽어내는 것도 잘 못합니다. 상하 관계에서도 말을 고르지 않고, 붙임성 있는 태도도 아닌 데다 겉치레 말도 못 하니 '분위기 파악을 못하는 사람'으로 여겨지기 쉽습니다.

예를 들면, 회의가 끝나갈 무렵 다른 사람은 모두 정리를 시작하는데 혼자 계속 말을 이어가 역시 '상황 파악이 안 되는 사람'으로 여겨지기도 합니다.

## 상대와의 관계성이나 반응을 이해하는 데 서툴다

## 사실을 말하면 왜 안 되는 건지 도대체 모르겠다

회식할 때 부장님의 자기 자랑이 정말 길어서 모두 괴로워했다. 난 항상 사실을
말하는 것뿐인데 왜 다들 "분위기 파악 좀 해"라고 하는 걸까? 만약 누가 내게
그런 말을 하더라도 사실이라면 화는 안 날 것 같은데. – T 씨(28세, 남성)

53

## 정직하고 솔직한 것만이 최선은 아님을 직설적으로 이야기해보자

> 정직한 것이 자네의 장점이기는 하지만, 그 말을 듣는 상대가 어떻게 느낄지 조금 생각해보게나.

> 그렇군요. 조심할게요.

> 일단 잠자코 있어보는 것도 괜찮아요.

포인트!

- 인간관계나 타인의 감정보다 사실을 우선하는 경향이 있다.
- 상대를 불쾌하게 할 의사가 있는 것은 아니다.
- ➡ 논리적으로 마음을 담아 이야기하고 이해를 구하자.

사실을 말한 건데 왜 문제가 되는지 그 이유를 알지 못하는 ASD인들에게 저는 이런 이야기를 자주 합니다.

　"정직하고 솔직한 것은 나쁜 게 아닙니다. 하지만 때로는 진실을 말하지 않음으로써 상대의 기분이 상하는 일을 막을 수도 있습니다. 예를 들어, 어떤 사람이 새 옷을 입고 왔는데 갑자기 "어울리지 않네요"라고 말하면 어떨까요? 설령 사실이라 해도 듣는 사람은 기쁘지 않겠지요. 말해도 좋을지 판단이 서지 않을 때는 말을 삼가는 것도 방법이라고 생각합니다."

　혹시 여러분 주변에 비슷한 특성을 가진 사람이 있다면, 한번 정면에서 논리적으로, 그리고 마음을 담아 이야기해보는 건 어떨까요? 특성의 정도에 따라 다르겠지만, 이해해줄 수도 있을 것입니다.

---

'어쩌면 나도?'라고 생각하는 당신에게　**생활 힌트!**

## 정직만이 제일이라고 줄곧 믿어왔습니다. 그게 나쁜 건가요?

### 조절만 가능하다면 장점입니다

언제든 정직하게만 말한다면, 타인에게 상처를 줄 수도 있습니다. 하지만 주위에 휘둘리지 않고 늘 생각하는 바를 그대로 말할 수 있다는 것은 장점이기도 합니다. 뭔가 하고 싶은 말이 있으면 한 호흡 쉬고 상대의 기분을 상상해봅시다. 그렇게 할 수만 있다면 정직하다는 것은 결코 나쁜 점이 아닙니다.

## 02

. . . . . . . . .

# 대화가
# 늘 어긋난다

ASD인은 상대의 표정이나 몸짓, 목소리 톤에 감추어진 메시지를 읽어 내는 능력이 부족하고, 자신이 흥미나 관심을 가진 일 외의 이야기에 주의를 기울이는 데 서툰 면이 있습니다. 애매한 표현을 들으면 상상력으로 보완하는 등 이해하는 힘이 부족한 경우도 적지 않습니다. ADHD인도 주의가 산만한 경향이 있어 눈앞에 상대가 없으면 의식을 흐트러트리고 이야기를 듣지 않기도 합니다. 그래서인지 발달장애인들과는 좀처럼 대화가 이루어지지 않아 당황스럽다는 소리를 자주 듣습니다.

사람은 말을 주고받으면서 의사소통하는 생명체라고 생각하기 쉽지만, 다음 사례에서 소개하는 것처럼 실제로는 언어 외의 수단에 의한 커뮤니케이션이 훨씬 많다고 합니다.

그러니 상대가 내뱉는 언어 외의 메시지를 잘 읽어내지 못하는 발달장애인과의 대화가 힘든 건 당연한 일입니다.

하지만 대화를 피한다면 커뮤니케이션은 점점 더 어려워질 것입니다. 왜 대화가 잘 안 통하는지 그 이유와 대응책을 아는 것이 관계를 진전시키는 첫걸음입니다.

## 06 상대의 표정, 목소리 톤, 태도로 마음을 읽지 못한다

음성언어 외의 표정, 목소리 톤, 태도 등에서 발현되는 메시지를 '메타 메시지(meta message)'라고 하는데요. 발달장애인은 이런 것들을 읽어내는 능력이 부족한 경우가 적지 않습니다.

주점을 경영하는 ASD인 G 씨(32세, 남성)는 가게가 바빠지면 근처에 살고 있는 친구에게 가끔 무상으로 도움을 받았습니다. 그런데 얼마 전, "또 도와줄 수 있어?"라고 물었더니 "괜찮긴 한데…"라고 대답해놓고는 나중에야 "내 사정도 좀 생각해줬으면 해"라고 말해서 놀랐다고 합니다.

비발달장애인이라면 친구가 "괜찮긴 한데…"라고 말했을 때의 반응을 보고 뭔가 불만이 있음을 알아차렸을 것입니다. 하지만 발달장애인은 대화할 때 상대의 진의를 정확히 이해하지 못해서 커뮤니케이션에 어려움을 겪기도 합니다. 그 친구도 거절하기가 쉽지 않아 자신을 좀 이해해줬으면 하는 마음을 표정이나 목소리로 드러냈겠지만, G 씨에게는 전달되지 않았습니다.

**'메타 메시지'를 잘 이해하지 못한다**

## 말하지 않으니 몰랐을 뿐인데. 내가 잘못한 건가?

그 친구에게는 늘 도움을 받고 있었고, 이번에도 "괜찮긴 한데…"라고 말했으니 그렇게 불만이 있으리라고는 생각지 못했다. 애초에 "바빠서 도와줄 수 없어"라고 말해주면 좋았을 텐데. 그러고 보니 그 친구뿐 아니라 다른 사람들과도 대화가 잘 통하지 않을 때가 가끔 있다. – G 씨(32세, 남성)

## 표정이나 목소리 톤만으로는 의사소통이 어렵다. 알려야 할 것은 확실히 말로 하자!

대화를 매개로 하는 커뮤니케이션의 약 20%는 언어 정보에 의한 것이며, 나머지 약 80%는 메타 메시지에 의한 것이라고 알려져 있습니다. 즉 정보 교환은 언어 외의 수단으로 훨씬 더 많이 이루어진다는 뜻입니다.

발달장애인은 그 부분을 읽어내는 힘이 약해 대화에 차질이 생길 수 있습니다. 뭔가를 전할 때는 말하기 곤란하더라도 상대가 본뜻을 이해하는 데 너무 힘들지 않도록 배려하면서 정확하게 말하는 것이 중요합니다. 먼저 '결론'을 말하고, 정중하게 '이유'를 전달하면서, '바람'이 있다면 덧붙이도록 합시다.

반대로 발달장애인은 표정이나 목소리 톤에 메시지를 담아 전달하는 걸 어려워하기도 합니다. 그 때문에 말이 지나치게 직선적일 때가 있는데, 특성이라고 이해하고 편하게 받아넘기도록 합시다.

'어쩌면 나도?'라고 생각하는 당신에게  **생활 힌트!**

## 왜 사람들은 분명하게 말하지 않는 걸까요?

### 불편하다면 상대에게 자신만의 규칙을 알리자

사람들은 상대가 듣기 싫어하리라고 예상되는 말을 표정이나 목소리 톤으로 전달하는 경우가 자주 있습니다. 인간관계의 지혜이지요. 만약 여러분이 타인과의 관계 속에서 그것을 학습할 수 있다면 가장 좋을 것입니다. 하지만 아무리 노력해도 안 될 때는 "나에게 말하고 싶은 게 있다면 확실하게 얘기해줘. 그러지 않으면 나는 모를 테고 신경 쓰지 않을 테니까"라고 상대에게 전달해보세요. 의외로 쉽게 이해해줄 거라 생각합니다.

# 07 상대가 하는 말을 귀담아듣지 않는다

ADHD인 M(8세, 여아)은 엄마와 이야기하는 도중에 갑자기 전혀 다른 이야기를 꺼낼 때가 있습니다. 특히 학교 수업 이야기를 할 때 그런 경향이 심하다고 합니다. ADHD인은 주의력이 산만한 특성이 있어서, 흥미 없는 이야기에는 집중하지 못하고는 합니다. 그래서 '마인드 원더링(mind-wandering)', 즉 지금 하는 이야기와는 전혀 관련 없는 것에 의식이 쏠려 머릿속으로는 다른 생각을 하다가 갑자기 그 이야기를 꺼낼 때가 있는 것이지요.

또 ASD인 S(9세, 남아)는 부모님이 이야기를 하는데 그냥 멍하니 있을 때가 많다고 합니다. 학교에서 선생님과 단둘이 있을 때도 이야기를 듣지 않을 때가 많다는 연락을 받았습니다. ASD인은 머릿속에 마음이 편안해지는 '자신만의 세계'가 있어서, 조금이라도 고통스러운 이야기가 들리면 즉시 그곳으로 피해버리기도 합니다. 주위에서 보면 그저 멍하니 있는 것 같지만, 머릿속에 자신이 가장 좋아하는 세계가 펼쳐져 있어 이야기가 귀에 들어오지 않습니다.

## 대화 중에 마인드 원더링을 하거나, 자신만의 세계로 도망쳐버린다

## 이야기를 전혀 듣지 않는 아들에게 짜증이 난다

운동을 싫어하는 우리 아이. 체육이 있는 날은 신경이 쓰여서, "어땠니?" 하고 묻곤 하지만, 대부분 멍하니 있든가 불쑥 좋아하는 전철 이야기를 꺼냅니다. 그러면 "듣고 있니? 딴소리하지 말고!" 하고 감정적으로 소리 지르고 반성하기를 반복하게 됩니다. – S(9세, 남아)의 어머니

## 발달장애인에게 매우 자주 보이는 문제. 흥미 있는 것과 잘 연결 짓자

> 학교에서 돌아오면,
> 전철의 '수통 (물병)'을 잊지 말고
> 부엌 싱크대에 '주차 (넣어)'해두렴.
> 엄마가 '세차 (설거지)'해서
> 내일 또 '출발 (가져갈)'할 수 있게
> 해둘 테니까.

> 알았어요!
> 차고 (싱크대)에
> 넣어둘게요.

포인트!

• 호되게 타일러도 소용없다.

• 본인의 노력만으로는 해결할 수 없는 경우가 많다.

➡ 화내거나 서두르지 말고, 좋아하는 것과 연결 짓자.

ADHD인이 집중력을 유지하지 못하는 것, ASD인이 자신만의 세계에 빠져드는 것은 상당히 많이 나타나는 증상입니다. 부모님은 화가 나 "말 좀 들어!" 하며 언성을 높이고는 하지만, 본인의 노력만으로는 해결되지 않는 경우가 많습니다.

이 점을 이해한 후, 아이가 꼭 들어야 할 이야기는 본인이 관심을 보이는 것과 연결 지어줍시다. 예를 들어 전철을 좋아하는 아이에게는 전철과 잘 엮어서 이야기하면 집중력을 유지하며 경청하고는 합니다.

또 저는 성인 발달장애인에게는 "당신은 타인과 대화할 때 멍하니 있거나 관계없는 이야기를 하는 경향이 있으니 그 점을 의식해두는 편이 좋겠어요"라고 솔직하게 말하고, 자각을 촉구합니다.

---

'어쩌면 나도?'라고 생각하는 당신에게 **생활 힌트!**

## 좋아하는 전철 이야기만 하려는 우리 아이, 어떻게 하면 좋을까요?

### 좋아하는 세계에서 마음이 편해진다고 이해해야

자신이 좋아하는 세계에 집착하는 것은 그곳에서 가장 마음이 편하기 때문입니다. 반대로 생각하면 다른 세계에서는 매우 불안하고 불편할지도 모릅니다. 강제로 이쪽 세계로 끌어낼 것이 아니라, 일단은 시간을 할애해 자녀가 좋아하는 전철 세계의 이야기를 들어주세요. 그러면 조금씩 바깥세상을 바라볼 용기가 생길 수도 있습니다.

# 08 '흐름상 알죠?'라는 말이 안 통하고, 반복해서 되묻는다

대화에서 사용하는 애매한 표현이 발달장애인에게는 상당히 고통스럽습니다. 어떤 대답을 해야 좋을지 몰라 당황하게 됩니다.

ASD인 R(12세, 남아)은 얼마 전 진료실에 왔을 때 "손가락이 골절됐어요"라고 말했습니다. 그래서 즉시 "그럼 손가락 좀 보여줄래?"라고 말했더니 "어떤 손가락이요?" 하면서 눈을 동그랗게 떴습니다. 어린아이라도 이런 맥락에서는 제가 보고 싶어 하는 것이 골절된 손가락임을 잘 알 것입니다. 하지만 R은 애매한 표현을 어려워하기 때문에, 어느 손가락을 보여주어야 할지 모르는 것입니다. 그래서 "골절된 손가락을 보여줄래?"라고 다시 말했더니 즉시 보여주었습니다.

진료실에서 ASD인에게 "요즘 어떠신가요?" 하고 물으면, "뭐가요?", "무슨 의미죠?"라고 되묻는 경우가 있습니다. "어떠세요?"라는 표현은 사용하기가 편해 일상적으로 쓰이지만, ASD인의 입장에서는 애매해서 이해하기가 상당히 어려운 말일 수 있습니다.

**애매한 표현을 이해하지 못해 혼란스러워한다**

### 적당히? 제대로? 마음대로? 정말 모르겠어!

학교나 집에서 "적당히 고르렴"이라든가, "제대로 해"라든가, "마음대로 해도 돼"라는 말을 하는데, '적당히', '제대로', '마음대로'라는 게 무엇을 어떻게 하라는 건지 전혀 알 수가 없다. 잘 이해가 안 돼서 다시 물으면 이상하다는 듯 쳐다본다. – R(12세, 남아)

## '언제, 누가, 무엇을, 어떻게 하다'와 같이, 구체적으로 표현한다

ASD인은 말을 곧이곧대로 받아들일 때가 많습니다. 따라서 '이런 식으로 말하면 알겠지?' 하고 비구체적으로 얘기하면 의도를 이해하지 못할 수 있습니다.

예를 들어 ASD인 자녀가 병원에서 소란을 피울 때 "적당히 좀 해! 좀 가만히 있어!"라고 말하면 아이는 부모님이 화가 났다는 건 알지만 구체적으로 무엇을 어떻게 해야 되는지는 모릅니다.

"진료실에서 선생님과 환자가 중요한 이야기를 하고 있는데 옆에서 큰 소리로 떠들면 얘기가 안 들려서 힘들단다. 떠들지 말고 앉아 있자"라고, 구체적인 언어를 사용해 순서대로 설명해봅시다. '앞으로 30분만'처럼 시간을 정해서 알려주는 것도 목표를 갖게 할 수 있어서 효과적입니다.

'어쩌면 나도?'라고 생각하는 당신에게 **생활 힌트!**

## 아이와 이야기할 때의 요령을 가르쳐주세요

**짧고 구체적으로 말하고 생략된 표현은 사용하지 말 것!**
무조건 구체적으로 말합니다. 그리고 요점을 정리해서 되도록 짧게 말해주세요. 그것, 저것 같은 지시어도 어려워합니다. 주어, 목적어, 서술어를 확실하게 말하고, 생략하지 않습니다. "국어 했어?"가 아니라 "오늘 할 국어 숙제는 다 했어?"라고 말합니다. 장난감을 정리하라고 말하고 싶을 때는 정리된 사진이나 그림을 보여주는 것도 효과가 있습니다. 그런 다음에 "어질러진 장난감은 박스에 넣어두렴"이라고 구체적으로 말해줍시다.

**03**

. . . . . . . . . .

# 간단한 의사소통이
# 안 된다

ADHD인은 내면에서 솟아오르는 충동을 억제하지 못해 감정 기복이 심하고, 암묵적 양해를 이해하지 못하고는 합니다.

ASD인은 자신만의 세계가 최우선이어서 집단행동의 의미를 이해하지 못하고, 자신이 믿는 이치에 부합하지 않는 것은 잘 받아들이지 못하고요.

각 사례별 구체적인 대응책에 대해서는 다음 페이지에서부터 소개하겠지만, 먼저 주위 사람들이 변화된 의식을 가질 필요가 있습니다. 발달장애인이 뭔가 개선하기를 바란다면 왜, 무슨 이유로 그러기를 원하는지 이유를 명확히 알려주어야만 합니다.

예를 들면, 집단행동이 잘 안 되는 ASD인에게 왜 다른 사람과 함께 행동해야 하는지 그 이유를 설명할 때는 최대한 기분을 맞춰주면서도 자기 생각을 확실히 준비해둔 채로 말해야 합니다. 그렇게 준비를 하고 설명하다 보면 발달장애인의 말과 행동에 대해 새로운 시각이나 이해가 생길 수도 있습니다. 벌컥 화를 내고 언짢아하거나 갑자기 웃음을 터트리는 등 감정을 극단적으로 표출하는 ADHD인에 대해서도 대응책을 취하기 전에 그 이유를 이해하고 공감해야 합니다.

# 충동적으로 화를 내거나 웃고, 기분이 태도로 쉽게 표출된다

ADHD인 E(12세, 남아)는 진료실에 들어오자마자 게임을 시작합니다. 엄마가 끝내라고 말하자 무섭게 화를 내며 소동을 피웁니다. 기분이 태도로 빠르게 표출되는 E는 쉽게 화를 내거나 기분이 나빠질 뿐 아니라, 얌전히 있어야 할 상황에도 큰 소리로 웃고 떠들고는 합니다.

ADHD인의 충동성은 기분이 곧 태도로 직결되는 특성으로 나타나기도 하는데, 이것은 감정 컨트롤 같은 이성적인 일을 관장하는 대뇌피질의 작용이 약한 것이 원인으로 추정됩니다. 사람은 뇌 속에서 분노 같은 감정이 일어나더라도, 대뇌피질이 그것을 억제하거나 컨트롤하도록 명령합니다. 그런데 이 대뇌피질의 작용이 약하면 충동을 억제하지 못해, 사소한 일에도 금방 기분이 상하거나 불편함을 견디지 못할 수 있습니다.

주변에서 볼 때 태도가 돌변해 감정을 폭발시킨다고 느끼는 것도 뇌에서 보이는 세계가 다르기 때문입니다. 특히 아이의 경우 그런 특성이 강하게 표출되기도 합니다.

**대뇌피질의 작용이 약하면, 감정이 극단적으로 표현되기 쉽다**

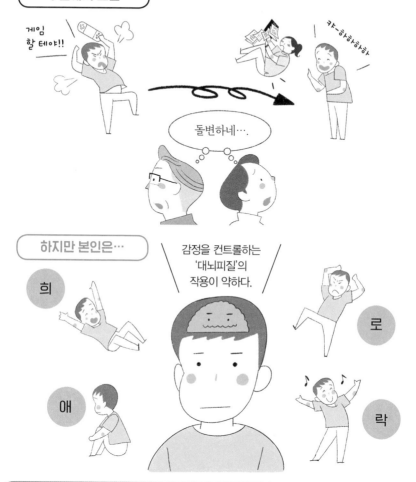

## 기분 나쁜 일에 화를 내고 싶은 건 당연한 거 아니야?

엄마가 갑자기 스마트폰을 못 하게 해서 벌컥 화가 났다! 의사 선생님과 하는 이야기가 너무 재미없어서 게임을 계속하고 싶었던 건데. 하지만 그 뒤에 간호사 선생님이 들어오다가 넘어지려고 하는 바람에 웃고 너무 재미있어서 엄청나게 웃었다! - E(12세, 남아)

## 마음을 진정시키는 것이 최우선. 아이의 감정을 이해하면서 대화한다

갑자기 게임을 못 하게 하니까 그렇지.

그럴 때는 잠시 멈춰보자. 지금은 엄마 이야기를 듣고.

게임은 또 나중에 해도 되니까, 잠깐만 참아보자.

포인트!

- 해당 장소를 벗어나 조용히 이야기한다.
- 무조건 야단을 치면 자신감을 잃어버린다.
➡ 가족이 다가가는 것이 무엇보다 중요하다.

기분이 태도로 쉽게 직결되는 ADHD 아이도 성장하면서 어느 정도는 안정이 됩니다만 자신의 아이가 매우 충동적이라면 부모로서는 걱정이 많겠지요. 특히 사소한 일에 화를 내거나 폭력성이 심하다면 대처가 필요합니다.

우선은 마음을 안정시키는 것이 첫 번째입니다. 조금 떨어진 곳으로 데리고 가 조용히 이유를 물어봅시다. 그 이유를 이해했음을 드러내고 '그럴 때는 이렇게 하자' 하고 해결책을 함께 생각해보세요. 무턱대고 꾸짖으면 자신감을 잃게 되니 절대 그러지 마세요. 감정을 잘 컨트롤했다면 꼭 칭찬해주세요.

경험을 쌓으려면 시간이 많이 필요한데, 함께해줄 수 있는 사람은 가족밖에 없습니다. 부디 따뜻한 시선으로 지켜봐주시기 바랍니다.

**'어쩌면 나도?'라고 생각하는 당신에게   생활 힌트!**

## 쉽게 발끈하는 성격은 어떻게 고치면 좋을까요?

### 숨을 내쉬면서 자신의 분노를 인식한다

감정이 폭발하려고 하면 숨을 내쉽니다. '나는 지금 화가 나 있다'고 인식하는 시간을 갖도록 합니다. 그동안 가능한 한 마음을 진정시킵니다. 분노가 담긴 문자메시지나 메일을 썼다면 일단 보내지 말고 나중에 다시 보는 것도 효과가 있습니다. 다만 주위에 불편을 끼칠 수준이 아닌 이상 감정을 완벽하게 제어할 필요는 없습니다. 희로애락이라는 감정이 풍부한 것은 소중한 개성이기도 합니다.

# 10 사소한 일로 심하게 화를 낸다

ADHD의 특성 중 하나인 감정 제어가 잘 안 되는 점은 대부분 성장하며 개선되지만, 성인이 되어서도 그렇지 않은 사람도 있습니다. 예를 들어 음식점 같은 곳에서 기다리라고 하면 직원에게 곧바로 불만을 제기하기도 하고, 점원의 별 의도 없는 매뉴얼적인 행동이나 말투에까지 짜증을 내기도 합니다.

R 씨(30세, 여성)는 편의점에서 주류 구입 시 점원이 성인 인증 버튼을 눌러달라고 하면 "보면 몰라요!" 하고 언성을 높일 때가 있다고 합니다. 유연하게 대처하는 가게도 있지만, 트러블로 발전하는 경우도 있습니다.

또 패스트푸드점에서 "감자튀김도 함께 주문하시겠어요?"라고 묻는 점원에게 "그런 거 안 시킨다니까요!"라면서 강하게 항의한 일도 있다고 합니다.

점원은 그저 매뉴얼대로 한 것뿐이니 비발달장애인은 짜증이 나더라도 '보통 그렇지' 하고 이해하겠지요. 하지만 R 씨는 '보통'이란 상황이 어떤 건지 모르기 때문에 화가 나는 것입니다.

## '보통' 상황을 이해하지 못하고 화를 낸다

성인 인증 버튼이란 게

매뉴얼로 정해져 있으니 눌러달라고 한 것뿐인데.

눌러 주세요.

하지만 본인은…

왜요?

내가 미성년자로 보인단 말이야!

## 세상은 정말 알 수 없는 일 천지야. 왜 다들 참고 있는 거지?

편의점에 성인 인증 버튼이라니, 무슨 의미가 있는 거지? 나는 서른 살이고 딱 봐도 그리 보이니 미성년자일 리가 없잖아. 이렇게 의미도 없는 확인을 일일이 하는 건 정말 시간 낭비란 말이지. 왜 다들 "보면 몰라요!"라고 말하지 않는 거지? - R 씨(30세, 여성)

## 분노를 폭발하는 상대에게 맞받아치면 NG. 부드럽게 받아넘기자

**포인트!**

- 감정적으로 반응하면 서로 피곤하다.
- 순간적인 화는 금방 진정되는 경우가 많다.
- ➡ 맞서지 말고, 부드럽게 받아넘기자.

갑자기 분노를 폭발하는 ADHD인에게 화를 낸다면 서로 에너지만 소모될 뿐입니다. 덩달아 감정적으로 반응하는 일은 피해야 합니다. 상대의 분노를 부드럽게 받아들이면서 이해를 구하고, 혹시 자신에게 잘못이 있다면 솔직하게 인정하면서 사정이나 생각을 이야기합시다.

지나치게 화를 낸다면 일단 내버려둘 필요도 있습니다. 필요하다면 우선 사과의 말을 건네는 것도 좋겠지요. 그러고 나서 나중에 시간을 두고 다시 한번 이야기해봅시다.

ADHD인은 순간적으로 폭발하더라도 그리 오래 끌지 않는 경우가 많아서, 담백하게 "저도 죄송해요"라고 말해줄 때도 적지 않습니다. 희로애락이 풍부한 만큼, 이전보다 호의적으로 다가올 가능성도 큽니다.

'어쩌면 나도?'라고 생각하는 당신에게  생활 힌트!

## 아무튼 점원의 매뉴얼적인 태도가 거슬린다! 어떻게 하면 좋을까?

### 상대를 '로봇'이라고 생각해보면 어떨까?

상대를 로봇이라고 생각해보는 것도 방법입니다. 점원에게 화를 낸 사례를 예로 들어본다면, 편의점의 무인 정산기나 음식점의 발권기, 주문용 태블릿이 매뉴얼적인 응대를 해왔을 때는 별로 화가 나지 않겠지요? '이 사람은 고객 응대 매뉴얼이 입력된 로봇이다'라고 생각하는 겁니다. 그렇게 감정을 배제하면, 마음이 안정되기도 합니다.

# 11 학교에서 지시에 따르지 않고, 단체행동이 안 된다

ASD인 A(7세, 여아)는 소풍이나 운동회 연습 때 하는 단체행동을 아주 싫어합니다. 수업 시간에도 혼자만 다른 것을 하고 있다고 학교에서 연락이 오는 모양입니다.

자기만의 세계관을 가진 A는 다른 아이들과 함께 행동해야 하는 이유를 알지 못합니다. 선생님이 지시를 해도 다른 아이들과 같은 일을 해야 한다는 것이 도무지 이해되지 않아 따르지 않습니다. 반항적인 태도로 오해받기도 하지만, 그것과는 다릅니다. 반항을 하는 것이 아니라 단체 행동의 필요성 자체를 이해하지 못하는 것입니다.

소풍을 가면서도 갑자기 나타난 나비에 정신을 빼앗기고 줄에서 이탈해 어슬렁거리기도 합니다. 단체로 움직여야 한다는 의식이 희박하다 보니 자신의 흥미가 우선이고 그것을 당연하게 추구합니다.

행사 때는 평소와 환경이 달라지므로 쉽게 불안이나 긴장감을 느끼고 어떻게 해야 좋을지 몰라 하기도 합니다. 이럴 때 선생님이 강하게 지시하면 더 혼란스러워 더더욱 다른 아이들과 함께 행동하지 못하기도 합니다.

## 다 같이 행동하는 것의 의미를 알지 못한다

하지만 본인은…

## 왜 억지로 똑같이 행동해야 하는 걸까?

학교에서는 선생님이 "자, 지금부터 다 함께 ○○을 합시다"라고 말씀하시는데, 나는 별로 그러고 싶지 않아서 하지 않는다. 소풍 갈 때 다 같이 걷는 것도 재미 없다. 예쁜 나비를 보러 갔더니 선생님이 화를 내셔서 그만 집에 가고 싶었다.
- A(7세, 여아)

## 단체 행동을 강제하기보다 '호기심'을 충족하는 환경을 만들어준다

'호기심'을 충족하는 것이 결국 본인에게 좋은 것인가.

포인트!

• 단체에 흡수시키려는 노력은 헛수고로 끝나기 쉽다.

• '잘하고 싶다'는 생각을 안 할 수도 있다.

➡ 자신만의 세계를 갖는 것은 강점이기도 하다.

A에게서 "왜 다른 아이들과 같은 걸 해야 하나요?"라는 질문을 받는다면 아마 말문이 막힐 것입니다. "규칙이란다"라고 대답하더라도 이해해줄지는 확신할 수 없습니다.

특성의 정도에 따라 다르겠지만, 하고 싶은 대로 하게 해줄 때 본인은 가장 행복할지도 모릅니다. 겉도는 것처럼 보여서 가엾게 느껴질 수도 있지만, 본인은 '주변 사람과 잘 어울리고 싶다'는 의식이 희박해서, 좋아하는 것에 몰두하는 편이 마음 편한 경우도 많기 때문입니다. 단체생활이 기본이 되는 학교에는 그런 특성을 분명하게 전달하고 이해를 구해주세요. 자신만의 세계를 갖고 있다는 것은 강점이기도 합니다. 의외로 주위에서는 좀 특이하긴 해도 재미있는 아이로 받아들이고 있지 않을까요?

'어쩌면 나도?'라고 생각하는 당신에게  생활 힌트!

## 협동심 없는 우리 아이의 장래가 걱정입니다. 사회에 잘 적응할 수 있을까요?

### 특성을 개성으로 인정하는 다양성의 사회가 되어야

자신만의 길을 가는 아이의 장래가 불안한 것도 무리는 아닙니다. 하지만 '호기심'을 키워주면 그것이 장래의 직업에 대한 길잡이가 될 수 있습니다. 세상은 다양성을 존중하는 풍조가 강해지고 있습니다. ASD 경향을 가진 사람도 미래에는 훨씬 더 살기 좋아지겠지요. 네트워크화로 인해 타인과의 접촉 없이도 할 수 있는 직업이 늘어날 테니까요.

## 12 상황 파악도, 남을 헤아리지도 못하고 끝까지 자신의 논리에 집착한다

협조 좀 합시다　　왜 그렇게 이유가 많아…

발달장애인 중에서도 ASD인은 사안을 논리적으로 생각하는 경향이 강합니다.

그런 사람들은 논리적으로 납득이 안 되면 움직이지 않으며, 분위기를 살피지 않고 상대를 배려하지 않는 경우가 많습니다. 그런 점 때문에 주위에서는 '비협조적인 사람'으로 보기도 합니다.

회사원 F 씨(26세, 여성)는 얼마 전 "일손이 부족하니 좀 부탁하네"라는 상사의 도움 요청을 단칼에 거절해버렸다고 합니다. 일반적으로는 '힘들 때는 서로 도와야지', '상사의 부탁이니까' 하고 따르는 것이 보통이지만, F 씨는 '내 업무도 아닌데', '애초에 운영 가능한 기획을 했어야지'라고 생각한 것입니다.

결코 냉정해서가 아니라 F 씨는 왜 자신이 도와야 하는지를 정말 모르는 것입니다. 납득하지 못하는 일은 철저하게 논리적으로 반론하니 뭐라 대꾸할 수도 없습니다. 좀 유연하게 받아들이면 좋겠지만, F 씨 같은 사람은 머릿속에 자신만의 규칙이 확실히 세워져 있어서 간단히 물러서지 않습니다.

### 자신의 논리에서 벗어나는 일은 잘 이해하지 못한다

# 논리적으로 이야기하면 간단히 받아들이기도 한다

자네의 의견은 잘 알겠어요.

잠깐 할 얘기가 있는데, 휴게실에서 차 한잔할까?

우리 회사가 이번 이벤트를 성공시키면 아주 큰 메리트가 있어요. 그래서 모두가 평소 하던 업무를 조정하며 돕고 있고요.

정말 그런 것 같군요.

**포인트!**

- 반항하려는 것은 결코 아니다.
- 공감을 표시하면서 논리적으로 말한다.
- ➡ 상대의 논리가 정당하다면, 존중하자.

이런 상황에서는 발달장애인에 대한 기본적인 대응법이 효과적입니다. 즉 부드럽고 차분하게 "자네 말도 이해는 하지만, 이렇게 생각해줄 수 없을까?" 하면서 이해를 구하고 논리적으로 이야기하는 것입니다. 상대도 반항하려는 것은 아니기에 만약 당신의 이야기에 납득이 된다면 "그렇군요"라고 간단히 인정하기도 합니다.

다만 무리하게 강요하는 것은 금물입니다.

"원래 그런 거야"라며 억지로 따르게 하면 원망만 쌓여 관계가 악화되기 쉽습니다. 상대의 논리를 존중하고, 한발 물러서는 것이 평화적인 해결법일 때도 있습니다.

어쩌면 진짜 문제는 요즘 같은 시대에 납득이 안 되는 지시를 내리는 것인지도 모릅니다.

**'어쩌면 나도?'라고 생각하는 당신에게** 생활 힌트!

## 회사원이지만 회식 자리에서 어울리는 게 정말 힘듭니다. 잘 살아갈 수 있을까요?

**못하면 못하는 대로 OK. 사회도 달라지고 있다**

회사원이라면 어느 정도는 타인과 관계를 맺으며 일을 해야겠지요. 하지만 최소한의 선만 지킨다면 술자리 같은 불편한 모임은 건너뛰어도 괜찮지 않을까요? 예전에는 협동심 없는 직원을 문제시했지만, 코로나 바이러스의 만연과 근무 방식의 개혁으로 무의미한 회합을 강요하는 기업이 줄고 있습니다.

# 04

. . . . . . . . . .

# 보통 사람에 비해
# 감정이 불안정하다

발달장애인은 살아가면서 타인과의 사소한 알력 다툼이나 충돌, 트러블을 수없이 경험하기 때문에, 마음 깊은 곳에 자기 부정감이나 열등감이 자리 잡아 커져 있을 수 있습니다.

ASD인은 평소와 다른 일을 마주하는 데 어려움을 겪습니다. 매일 일어나는 새로운 모든 일에 직면하다 보면 알 수 없는 강한 불안감에 휩싸이는데, 그것만으로 일상이 버겁기도 합니다.

그런 고민이나 불안을 간단히 제거할 수는 없지만, 주변 사람들의 적절한 행위로 경감시킬 수는 있습니다.

하지만 안타깝게도 발달장애인들은 자신의 마음속에 솟아오르는 부정적인 감정을 감지해 태도나 언어로 표출하는 것도 서툴기 때문에 주변에서 눈치채기는 매우 어렵습니다.

이런 마음의 문제에 대처하기 위해서는 발달장애인과 가장 가까운 존재이며 긴 시간을 함께 보내는 사람, 즉 부모나 형제 같은 가족, 연인이나 배우자가 평소 잘 관찰해서 미묘한 변화를 모니터링해야 합니다.

# 13 '어차피 난 틀렸으니까…'라고 생각하고, 자신감이 없다

ASD인 B 씨(30세, 여성)는 열등감이 심해서, "어차피 난 틀렸어", "앞으로도 잘될 것 같지 않아" 같은 부정적인 말을 많이 합니다.

발달장애인은 어릴 때부터 부모님이나 선생님에게 꾸중을 듣는 일이 잦습니다. 타인과 갈등을 빚거나 실패하는 경험을 자주 해 사회인이 되면 그런 특성으로 인해 자신을 폄하하기도 합니다. 그 결과, 아무리 노력해도 '나는 틀려먹은 인간이다' 같은 자기 부정적인 사고나 열등감을 갖기 쉽습니다.

특히 ASD인은 기억력이 좋은 특성 때문에 꾸중을 듣거나 특정한 일에 실패한 좋지 않은 기억도 선명한 영상으로 아주 자세히 새기고 있는 경우가 많습니다. 그것이 머릿속에서 자주 투영되는 사람도 있지요. 즉 부정적인 회상이 오랜 세월에 걸쳐 반복되기 때문에 나쁜 기억을 비발달장애인에 비해 쉽게 잊지 못하는 것입니다. 이런 체험을 반복하면 점점 열등감이 심해져서 가볍게 주의를 준 일을 심각하게 받아들이기도 하고 반발하기도 합니다.

**과거의 싫은 기억이 머릿속에서 반복 재생된다**

주변에서 보면

하지만 본인은…

## 떠올리고 싶지 않은데 저절로 소환되는 기억. 아아, 괴롭다

문득 좋지 않은 옛 기억이 머릿속에 선명하게 떠오른다. 어젯밤에도 10년 전에
언니와 크게 다툰 일이 선명히 떠올랐다. 그때 그곳에서의 장면, 언니의 표정,
주고받던 말까지. 언니가 나를 비난하던 말이 머릿속에서 자꾸 반복되어 오늘은
아무 일도 손에 잡히지 않는다. – B 씨(30세, 여성)

> **자학적 사고를 부정하지 않고 공감하며 들어준다.**
> **이후 좋은 면을 말해준다**

**잘못된 대응**

❌ 그렇지 않아.

❌ 지나친 생각이야.

❌ 신경 쓰지 않아도 돼.

❌ 기운 내!

응.

• 일이 잘 안 된다.
• 친구 관계가 원만하지 않다.
• 미래가 걱정이다.

고민되는 일을
구체적으로
적어보렴.

**적절한 대응**

( 포인트! )

• 열등감은 오랜 세월이 쌓여 생긴 것.

• 공감하며 잘 들어준다.

➡ 그 사람이 지닌 '좋은 면'을 말해준다.

열등감에 시달려 자신감이 없는 발달장애 성향을 가진 사람에게 "전혀 그렇지 않아"라고 말하는 것은 별로 효과가 없습니다. 오히려 까딱 잘못하면 전혀 공감하지 못하고 있다고 받아들일 수도 있습니다.

가까운 사람이 열등감으로 괴로워한다면, 그 사람의 고민에 귀 기울여줍시다. 부정하지 말고 마음으로 공감하며 들어줌으로써 '당신을 이해하고 싶다'는 마음을 전달합니다. 고민거리를 적어서 리스트로 만들어보게 하는 것도 혼란스러운 머릿속을 정리하는 효과가 있습니다.

그리고 중요한 점은 마음이 적당히 진정되었을 때를 살펴 상대의 좋은 면을 알려주는 것입니다. "자료의 정확성은 최고야", "발 빠른 대응은 누구에게도 뒤지지 않아" 같은 말로 긍정적인 면을 함께 깨닫게 해줍시다.

**'어쩌면 나도?'라고 생각하는 당신에게  생활 힌트!**

## 자기 긍정감과는 거리가 먼 나. 어떻게 하면 마음이 편해질까?

### 너무 괴롭다면 망설이지 말고 의사와 상담한다

발달장애의 2차 장애로 우울증이나 불안장애 증상이 나타나는 경우가 있습니다. 특히 우울증은 100명당 약 6명이 앓고 있다고 알려졌기 때문에, 그 배경에 발달장애가 있는지의 여부와 진단은 간단치 않습니다. 만약 마음의 부담이 크다면 망설이지 말고 정신건강의학과에서 진료받으시기 바랍니다. 상담이나 투약 등의 치료가 필요한지 의사와 상의해봅시다.

# 14 사소한 일에도 심한 불안을 느낀다

ASD인의 뇌는 비발달장애인에 비해 쉽게 불안을 느끼는 구조라고 볼 수 있습니다. 사람은 뇌 속의 편도체라 불리는 부위가 흥분하게 되면 불안을 느낀다고 하는데요. ASD인은 편도체가 쉽게 과민해지는 경향이 있습니다.

특히 그런 특성은 변화가 일어날 때 주로 나타납니다. ASD인 J(6세, 여아)는 새로운 장소에 가거나 평소와 다른 일이 일어나면 심한 불안감이나 긴장감을 느끼는 경향이 있습니다. 얼마 전에도 새로 생긴 공원에 가자 입구에서부터 몸이 굳어버렸다고 합니다. J의 머릿속은 생소한 장소에 대한 불안으로 가득 차서, 신나게 말을 거는 엄마의 모습도 보이지 않고 목소리도 들리지 않았습니다.

ASD인은 고집이 세다고 알려져 있는데, 실은 불안감이 심해서 평소와 같기를 바라며 집착하는 경우가 많은 것입니다. 유소년기의 아이는 평소와 다른 길로 가거나 이부자리를 바꾸기만 해도 난리를 치기도 합니다. 성인이 되면 안정되기도 하는데, 변화를 싫어하는 특성이나 쉽게 불안을 느끼는 경향이 남는 경우도 적지 않습니다.

## 사소한 것도 평소와 다르면 거북하다

## 새로운 경험을 하게 하고 싶은데, 매번 질색합니다

우리 아이는 늘 같은 것을 제일 좋아합니다. 처음 가는 곳에서는 불안해 몸이 굳어버리고 빨리 집에 가자고만 합니다. 다양한 곳에 데려가 새로운 경험을 하게 하고 싶어도 늘 헛수고입니다. 역효과만 납니다. – J(6세, 여아)의 어머니

## 중요한 것은 '설명'과 '예고'. 아주 조금씩 새로운 체험을 한다

**평소와 다를 때는 사전에 예고한다**

**평소와 다른 것에 조금씩 익숙해지게 한다**

( 포인트! )

- 미리 알려주면 불안감을 덜 느낀다.
- 주변 사람의 초조함은 증상을 악화시킨다.
- ➡ 작은 변화를 통해 '달라도 괜찮다'는 것을 알려준다.

평소와 다른 행동을 해야 할 때 필요한 것은 '예고'입니다. 생소한 장소에 갈 때는 "이번 주말에는 이런 곳에 갈 거란다"라고 미리 말해줍니다. 평소와 다른 길로 갈 때는 "오늘은 도로 공사가 있어서 다른 길로 갈 거야"라고 얘기합니다. 이처럼 친절한 설명과 함께 예고를 해두면 이해를 하기 때문에 불안이 줄어드는 경우도 적지 않습니다. 이 방법은 성인에게도 유효합니다.

그렇게 조금씩 '평소와 다른 것'에 익숙해지는 연습을 합시다. 식기를 바꿔보고, 걸어 다니던 길도 자전거로 가봅니다. 그런 경험이 쌓이면 평소와 달라도 괜찮다는 걸 배우게 됩니다. 다만 철저하게 작은 일부터 해봅시다. 해보고 만약 실패하면 원래대로 되돌리는 선택지도 남겨둡니다. 조급하게 큰 변화를 주면 증상이 악화될 수 있기 때문입니다.

'어쩌면 나도?'라고 생각하는 당신에게　**생활 힌트!**

## 싫은 것이 많은 나.
## 어떻게 하면 좋을까요?

### '나의 NG 리스트'를 만들어보자

'도깨비 집만큼은 안 된다', '비행기는 싫다', '초면인 사람과는 밥 먹고 싶지 않다' 등등 마음이 불안해지거나 소리를 지르고 싶을 만큼 불편한 상황은 '나의 NG 리스트'에 정리해두고, 친한 사람들에게 기회가 될 때마다 알려주면 좋지 않을까요? 누구나 이만 저만한 고역의 대상은 있기 마련이니 분명 이해해주겠지요.

# 15 표정이 없어서 기쁜지 슬픈지 알기 어렵다

ASD인 K(12세, 여아)는 진료실에서 대화할 때도 표정이 없고 감정을 잘 표출하지 않습니다. 얼마 전에는 학교에서 친구들에게 따돌림당한 이야기를 들려주었는데요. 평소처럼 덤덤한 표정으로 말해 별로 마음에 담아두지는 않았나 보다고 생각했습니다. 하지만 자세히 들어보니 실은 매우 슬프고 상처가 깊어 보였습니다.

ASD인은 자신의 감정을 잘 드러내지 못해서, 커뮤니케이션에 서툰 경향이 있습니다. 슬프다고 느끼면서도 '슬프다'는 말이 안 나오기도, 슬픈 표정을 보이지 못하기도 합니다. 마찬가지로 아주 즐거울 때조차 표정이 없고 말수가 적기도 합니다.

그 이유로는 여러 설이 있는데, 거울뉴런(mirror neuron)이라는 뇌의 신경세포 작용이 약하기 때문이라는 설이 유력합니다. 거울뉴런은 함께 있는 사람에게 공감하는 감정이 솟을 때 작용합니다. 거울뉴런이 발달하지 않은 사람은 타인의 마음을 읽어내거나, 자신의 마음을 타인에게 전하는 걸 어려워합니다.

**분명히 느끼는 바가 있는데, 잘 표현하지 못한다**

## 이런 내 마음을 어떻게 하면 상대방에게 잘 전달할 수 있을까?

따돌림을 당해서 속상한데, 그 마음을 엄마나 선생님께 어떻게 말해야 좋을지 모르겠다. 나도 속상한 일, 괴로운 일, 즐거운 일 다 있는데, 사람들은 내게 "표정이 늘 똑같구나, 무슨 생각을 하는 거니?" 하고 묻는다. - K(12세, 여아)

> 기분을 헤아려 말로 대신 표현해주거나,
> 과장된 표정을 보여주어 공감 체험을 쌓게 하자

- 무표정 속에 풍부한 감정이 있다.
- 마음을 표현하는 데 서툴 뿐.
➡ 본인의 마음을 대변해주자.

ASD인은 감정의 기복이 없는 것이 아니라, 마음속으로는 다양한 감정을 느끼지만 그것을 타인에게 잘 표현하지 못하는 것입니다. 주위에서 먼저 그 점을 잘 이해하고 마음 깊이 헤아려주도록 합시다.

특히 아이의 경우에는 부모가 "○○야, 재미있지!"라든가 "너무 슬퍼. ○○도 그렇지 않니?"라고 말하며 마음을 대변해주어도 좋습니다.

고개만 살짝 끄덕이겠지만, 가까운 사람과 감정을 공감하는 체험을 거듭하다 보면 서서히 감정을 표현하게 될 수도 있습니다. 다소 과장된 표현을 해 보이거나, 몸짓과 손짓을 크게 곁들여 알기 쉽게 보여주는 것도 효과가 있습니다.

'어쩌면 나도?'라고 생각하는 당신에게 **생활 힌트!**

## 억지로라도 미소나, 슬픈 표정을 지어야 할까요?

### 말이나 문자로 감정을 전하는 방법도 있다

억지로 표정을 짓는다면 어색해 보이기만 합니다. '기쁘다', '즐겁다', '슬프다'는 마음을 분명하게 말로 전달하면 어떨까요? 비록 무표정하고 목소리도 한결같이 무덤덤하더라도 '기쁘다'고 말로 표현하면 그 마음이 상대에게 전해집니다. 그것이 어렵다면 메일 등을 통해 글로 전하는 방법도 있습니다. 표정이 커뮤니케이션의 중요한 요소이긴 하지만, 다는 아닙니다.

# 발달장애로 생기기 쉬운 2차 장애

발달장애인에게 생기기 쉬운 정신질환
트러블은 미연에 피하자

ASD인, ADHD인 모두 2차 장애를 주의해야 합니다. 2차 장애란 발달장애로 인해 타인과 트러블을 반복적으로 겪으면서, 긴장 상태가 계속되거나 과거의 아픈 기억이 되살아나 2차적 정신질환이 발병하는 것입니다.

구체적으로는 공황장애, 강박성장애, 사교불안장애와 같은 불안장애나 우울증, 양극성장애, 수면장애, 인격장애, 애착장애, 의존증, 섭식장애 등이 발생하기 쉬운 것으로 알려져 있습니다.

이 가운데 특히 수면장애는 발달장애를 가진 사람 중 상당수가 겪고 있다고 합니다. 또 아이들은 부모를 비롯한 양육자와 애착관계가 형성되지 않으면 정서나 대인관계에 문제가 생기는 애착장애를 보이기도 합니다.

2차 장애가 생기면 생활은 더 불편해집니다. 주변 사람이 2차 장애를 잘 이해해서 발달장애로 일어날 수 있는 트러블을 미연에 대처하고, 트러블이 일어나더라도 잘 처리되도록 도움을 주는 것이 2차 장애를 예방하는 최선책입니다.

# 2장

주위와 어긋나면서 발생하는 트러블

## 행동의 문제

발달장애인의 예측 불가능한 행동에 잘 대응하는 방법

# 01

· · · · · · · · · ·

## 안정감이 없고 실수의 연속.
## 주변에 걱정만 끼친다

과잉행동을 하거나 충동적인 경향이 심하고, 늘 안절부절못하고 우왕좌왕 움직이거나 주의가 자꾸 다른 것으로 옮겨 가는 ADHD인.

손에 쥔 것을 잘 떨어트려 깨뜨리고, 타인과 함께하는 운동이나 행동에 서툰 발달성 협응장애(DCD : Developmental Coordination Disorder)인.

그 외에도 발달장애인은 감각 과민, 주의 산만, 강한 집착, 새로운 것에 대한 호기심 등 다양한 원인으로 실수나 문제를 일으켜 주위에 심려를 끼치거나 화를 돋우기도 합니다.

이런 문제가 발달장애인을 점점 궁지에 몰아넣고 더 큰 트러블을 초래해 악순환에 빠지는 사례도 적지 않습니다.

먼저 이런 일은 발달장애라는 특성 때문에 어쩔 수 없이 일어난다는 점을 이해해야 합니다. 그런 뒤 적절히 소통하는 것이 중요합니다.

특히 최근에는 문제의 원인을 개인에게서 찾는 '자기 책임론'이나 타자에 대한 비방, 과도한 동조 압력으로 발달장애인은 더 살기 어려운 사회가 되었습니다. 이런 세상에서는 발달장애인들의 특성을 이해하고 서포트해줄 수 있는 제삼자의 존재가 꼭 필요합니다.

# 16 가만히 있지 못하고 갑자기 우왕좌왕, 안절부절못한다

　　ADHD인 K(8세, 여아)는 가만히 있는 걸 잘 못합니다. 진료실에서도 의자에 진득하게 앉아 있지 못합니다. 어머니 말로는 학교에서 수업을 받다 교실을 배회하기도 한다고 합니다. 44페이지에서 소개한 사례와 비슷한데, K는 과잉행동·충동성이 강하고, 가만히 있는 것을 잘 못합니다. 이런 특성이 강한 아이는 자극이나 흥미에 빠르게 반응해, 스스로 멈추는 게 어렵습니다. 의자에 앉아 있을 때도 계속 손발을 움직이거나 불쑥 자리에서 일어서고, 걷다가 갑자기 달리기도 합니다. 누군가가 한창 이야기하고 있는데 갑자기 끼어들어 말할 때도 있습니다.

　　실제로 인간의 뇌는 뇌간이라 불리는 곳에서 항상 움직이라는 명령을 내리는데, 비발달장애인은 그것을 주로 전두엽이 억제함으로써 몸의 움직임을 제어합니다. 즉 가만히 좀 있으라고 말하고 싶어지는 K의 행동은 뇌의 기본적인 명령에 따르는 것입니다. ADHD의 과잉행동·충동성은 성장하면서 진정되고 성인이 되면 거의 누그러지지만, 안절부절못하고 안정감 없는 특성이 남는 사람도 있습니다.

## 뇌의 기본적인 명령에 브레이크가 걸리지 않는다

## 늘 이리저리 돌아다니는 아이를 상대하다 보면 파김치가 되네요

우리 아이는 매우 격하게 움직여서, 함께 걷다가도 뭔가 흥미를 끄는 것이 보이면 즉시 그쪽으로 달려갑니다. 피곤해서 지칠 때까지 종일 돌아다니고 앞뒤 생각 없이 움직이는지라 위험하지는 않을까 싶어 마음을 놓을 틈이 없습니다.

– K(8세, 여아)의 어머니

## 억지로 제지하는 것은 역효과. 적극적으로 몸을 움직이는 시간을 만들어준다

**강아지 산책**

**창문 닦기**

**체육 수업 준비**

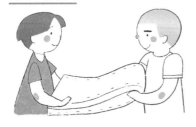

**프린트물 나눠주기**

**집에서 저녁 식사**

응!

오늘 하루도 수고했어. 밥을 절반쯤 먹으면 한 번 걷다 와도 좋아.

( 포인트! )

- 움직임을 억제하면 불안감이나 긴장감을 느낄 수 있다.
- 집이나 학교에서 적절한 역할을 주자.
- ➡ 움직이면 에너지가 발산된다.

ADHD인 자녀가 이리저리 돌아다니는 것을 혼내고 무리하게 제지하면, 오히려 불안감이나 긴장감이 심해집니다. 그보다는 적극적으로 몸을 움직일 시간을 만들어주는 것이 좋습니다.

예를 들면 가정에서는 창문 닦기라든가 강아지 산책을 시키고, 학교에서는 프린트물 나눠주기라든가 체육 준비 당번 등을 시킴으로써 몸을 움직이는 역할을 맡기는 것입니다. 에너지를 발산할 수 있을 뿐 아니라 몸을 어떻게 통제하는지도 배울 수 있습니다.

또 식사 중에는 "절반쯤 먹으면 한 번 걷다 와도 좋아" 같은 작은 규칙을 만들어 그 범위 내에서 움직이는 것을 허락해줍시다. 특성상 수업 중에 교실을 배회하는 것에 대해서는 학교 측에 미리 양해를 구하고, 아이에게는 "15분 뒤면 쉬는 시간이니 그때까지 앉아 있자" 같은 말로 명확한 목표 의식을 심어주는 것도 효과적입니다.

## '어쩌면 나도?'라고 생각하는 당신에게   생활 힌트!

## 책상에 가만히 앉아 계속 집중하는 것이 너무 힘들어요

### 자기만의 규칙을 만들어 시간을 지켜보자

'한 시간 일하고 5분 휴식' 같은 규칙을 정하거나, '앞으로 30분 간 집중한다'고 마음먹고 타이머로 시간을 재는 방식으로 시간을 쪼개면 집중력을 유지하는 효과가 있습니다. 아이에 대한 대응책과 마찬가지로 출근 전 가벼운 달리기를 하거나 주말 운동 등 몸을 쓰는 습관을 갖기만 해도 충동이 억제될 수 있습니다. 운동은 뇌 기능을 활성화하기 때문에 머리도 맑아져 일석이조입니다.

# 17 업무, 집안일 모두 실패의 연속. 대부분이 '단순 실수'

ADHD인은 대부분 주의력이 부족한 특성이 있습니다.

W 씨(25세, 여성)는 서류 작업 때 오탈자를 내거나 계산을 틀리는 등 부주의로 인한 단순 실수가 잦아서 상사로부터 자주 질책을 받는다고 합니다. 전철을 잘못 타기도 하고 지각도 자주 하는데, 본인도 어떻게든 개선하고 싶지만 또 같은 실수를 반복하고는 합니다. 무책임하거나 의욕이 없어 보이지만, 사실 실수가 많은 것은 본인이 가장 잘 알고 있습니다.

ADHD인의 이런 실수는 주의가 연이어 다른 것으로 옮겨 가기 때문에 일어납니다. 의식이 지금 하는 일에서 벗어나 이리저리 다른 생각에 빠지는 '마인드 원더링' 상태가 될 때도 많아, 한 가지 일을 집중적으로 하기가 어려운 것입니다. 최근 알려진 사실에 따르면 발달장애인의 뇌는 사람이 멍하니 있을 때 활성화되는 디폴트 모드 네트워크(DMN: Default Mode Network)라는 영역의 활동이 비발달장애인보다 높다고 합니다. 이 디폴트 모드 네트워크의 작용이 마인드 원더링과도 관계가 있다고 봅니다.

**주의가 계속 다른 곳으로 옮겨 간다**

## 나름대로 실수하지 않으려고 애를 쓰지만

회사에 근무한 지 3년 차. 늘 업무에 실수가 많아서 걱정입니다. 실수하지 않으려고 늘 노력하지만…. 얼마 전에도 상사로부터 실수가 너무 많다는 지적을 받았습니다. 집안일도 제대로 못 할 때가 많아서 답답합니다. – W 씨(25세, 여성)

## 화를 내는 것은 역효과. 구체적으로 말하고, 본인이 실수하지 않을 환경을 만들어주자

네, 알겠습니다.

체크리스트를 만들었으니 이걸로 확인해봐요.

오늘부터 W 씨는 OO 씨와 한 팀으로 일해주세요.

**아침에 출근해서 할 일**
- 읽지 않은 메일 체크와 회신
- 업무 진척 상황을 확인하고, 오늘 할 일 보고

**서류 제출 전에 확인할 것**
- 숫자가 정확한지 모두 재검토
- 회사명과 명함 대조해 확인하기

**퇴근 전에 체크할 것**
- 아직 읽지 않은, 회신하지 않은 메일은 없는지 확인
- 내일 할 일 정리해두기

**포인트!**

- 본인도 실수가 잦다는 것을 안다.
- 질책은 증상을 악화시키고, 의욕을 꺾을 수 있다.
➡ 실수하기 쉬운 포인트를 명확히 알고, '의식적으로 기억'하도록 돕자!

특성으로 인한 실수를 질책하면 불안해서 더 실수를 연발하기도 하고 의욕을 잃기도 해서 오히려 역효과가 납니다. 이런 특성을 가진 사람에 대한 합리적인 배려 차원에서 가능한 한 실수가 나오지 않는 환경을 마련해주도록 합시다.

예를 들면, 일의 순서를 자주 헷갈리는 사람은 전용 체크리스트를 만들어 매번 확인하도록 독려합니다. 또 선배 한 사람과 팀을 이루어 오탈자나 계산 등을 확인받는 대신, 본인이 할 수 있는 다른 일로 선배를 보조하는 방법도 좋습니다. 그러다 보면 실수가 잦은 부분이 명확해지므로 주변 사람이나 본인 모두 그 부분을 늘 의식하게 됩니다.

집에서는 가까운 사람이 가사 상태를 총체적으로 봐주고, 마찬가지로 체크리스트를 만들어주면 좋겠지요.

**'어쩌면 나도?'라고 생각하는 당신에게 생활 힌트!**

## 주의가 산만해서 늘 실수만. 나를 뿌리째 바꾸고 싶습니다

**자기를 바꾸려고 하기보다는 리스트를 만드는 습관을 들이자**

자신을 바꾸려고 애쓰기보다는 실수를 줄일 수 있는 장치를 만들어봅시다. 체크리스트나 업무리스트 외에 권하고 싶은 것은 앞에서도 언급한 '의식적으로 기억하기'입니다. 본인이 할 것 같은 실수를 리스트로 만들어 자주 확인해봅시다. 스마트폰의 메모 기능을 사용하면 늘 볼 수 있어서 편리합니다. 그렇게 자신이 어떤 실수를 하는지를 의식하면 저절로 신중해집니다.

# 18 손끝이 야물지 못해 자주 물건을 놓치고, 운동신경이 둔하다

　발달장애 증상 중 발달성 협응장애라는 것이 있습니다. 육체적인 운동 기능에는 문제가 없지만, 눈이나 손발 등 신체의 여러 부위가 서로 조화를 이루어 부드럽게 움직이는 '운동 협응'이 안 되는 장애입니다. 이 장애가 있는 사람은 운동을 못하거나 손끝이 무디기도 합니다.

　T(10세, 남아) 역시 발달성 협응장애를 갖고 있습니다. 어머니에 따르면 젓가락이나 포크를 잘 사용하지 못하고 음식물을 쉽게 흘린다고 합니다. 또 손에 쥔 것을 잘 놓치고, 긴장하면 걸을 때 오른손과 오른발이 동시에 나가기도 하는 모양입니다. 자신은 전반적으로 신체의 움직임이 어색한데, 다른 친구들은 달리기나 공 던지기를 어쩌면 그렇게 잘하는지 T로서는 이해가 안 됩니다. 그래서 T는 체육 수업이 즐겁지 않다고 말합니다. 발달성 협응장애는 ADHD나 ASD와 병존하기도 하지만, 인지도가 낮아서 진단으로 이어지지 않는 케이스도 적지 않습니다.

## 발달성 협응장애라는 특성일 수 있다

## 무엇이든 잘해보려고 하는데….

밥을 먹을 때 음식물을 흘리거나 컵을 잘 두지 못해서 엄마가 자꾸 속상해하신다. 가위질이 서툴러서 미술은 별로 좋아하지 않고, 체육 수업은 나만 못하는 것이 많아서 제일 싫다. 왜 다들 다 잘하는 걸까? - T(10세, 남아)

## 특성에 맞춘 놀이를 통해 돕는다. 지원을 받는 것도 검토해보자

오늘도 보물찾기 게임을 해볼까? 이 속에서 흰 단추만 찾아 이쪽 상자로 옮기는 거야. 어제는 30초 만에 끝냈지?

네! 이 게임 정말 좋아!

대단한데! 25초!

야호!

**포인트!**

• 아이가 어려워하는 부분에 맞춰 도움을 준다.

• 요즘은 다양한 단체의 지원도 받을 수 있다.

➡ 많이 칭찬하고 함께 즐기며 작은 자신감을 쌓는다.

운동이 버겁고 세심한 동작이 서툴면, 특히 아이가 어릴 때는 자신감을 잃기도 합니다. 가정에서 특성에 맞게 도움을 줍시다.

단추를 끼우지 못하고, 젓가락을 잘 못 쥐는 등 세심한 동작에 문제가 있을 때는 작은 것을 집어 올리는 연습으로 근육 사용법을 익힙니다. 그네나 정글짐 같은 놀이기구에서 노는 것도 운동 협응 연습이 됩니다.

중요한 점은 놀이를 하는 느낌으로 즐기도록 하고, 잘 해냈을 때는 칭찬을 많이 해주어 작은 자신감을 쌓도록 하는 것입니다. 그런 다음 증상에 따라 지방자치단체의 지원센터라든가 아동상담소에서 상담을 받고, 치료교육센터나 의료기관을 소개받는 것도 검토해보세요.

---

**'어쩌면 나도?'라고 생각하는 당신에게  생활 힌트!**

## 뭐든 서툴고 운동도 질색하는 우리 아이. 어떻게 하면 자신감이 생길까요?

### 못하는 것도 개성, 가슴을 펴자

발달성 협응장애도 뇌의 특성이라서, 완전히 극복하는 데는 한계가 있습니다. 위에서 소개한 것처럼 대책을 세우는 동시에 잘 못한다고 해서 너무 심각하게 받아들이지 않는 것도 중요합니다. 하나의 개성이라 생각하고, 할 수 있는 일들을 찾아줍시다. 그리고 그 일의 반경을 넓혀가면서, 본인이 못하는 것이 있음을 인정할 수 있는 환경을 만들어주세요.

# 19 줄 서서 순서를 기다리는 간단한 규칙을 지키지 못한다

순서를 지켜야지!

똑바로 줄을 서보자

줄을 바르게 못 서고 순서를 기다리지 못하는 것은 발달장애의 진단 기준에도 포함되는 유명한 특성입니다. S(8세, 여아)는 공원 놀이기구에 순서대로 타지 않고 번번이 규칙을 어기다가, 친구들이 "그러면 안 돼!" 라고 저지하면 싸우는 모양입니다.

ADHD로 충동성이 심한 경우, 그네 같은 놀이기구를 보면 '빨리 타고 싶다'는 충동이 앞서 이미 줄을 선 다른 아이가 눈에 들어오지 않을 수 있습니다. 또 ASD인 경우에는 애초에 그네를 타고 싶으면 줄을 서야 한다는 규칙 자체를 이해하지 못할 수도 있습니다.

ADHD인도 성장하면서 충동을 억제하게 되지만, 여전히 진득하게 줄 서는 일을 힘들어하기도 합니다. ASD인은 '줄을 서서 순서를 지킨다'는 규칙 자체는 이해하지만, 은행 ATM기 앞에서 한 줄 서기(여러 기기 앞에서 한 줄로 서 있다가 먼저 빈 곳부터 차례대로 이용하는 것)를 하는 것 같은 경우에는 혼란스러워하다가 무심코 비어 있는 곳으로 가 새치기를 해버리는 일도 있습니다.

**충동성이 강하고, 규칙을 이해하지 못하는 경우도 있다**

하지만 본인은…

**ADHD의 경우**

**ASD의 경우**

## 줄을 서서 순서대로 타야 한다고 몇 번이나 설명했는데도

우리 아이는 놀이기구를 탈 때 순서를 기다리지 못해서 늘 주변 아이들로부터 "줄 세!" 하고 주의를 받습니다. 그때마다 "놀이기구를 타고 싶은 아이는 모두 줄을 서서 자신의 순서를 기다린단다" 하고 설명해줍니다. 그러면 당시에는 알아듣지만, 며칠 지나면 또 같은 상황이 되풀이됩니다. – S(8세, 여아)의 어머니

## 줄을 서고 순서를 기다리는 규칙을 충분히 설명. 금방 잊어버려도 꾸준히 알려준다

**포인트!**

- 우선 '타고 싶다'는 조급한 마음을 진정시킨다.
- 순서를 지켜야 한다는 규칙 자체를 이해하지 못하는 아이도 있다.
- ➡ 잘 따랐을 때는 충분히 칭찬해주는 것이 중요하다.

120

아이가 순서를 지키지 않으면 단순한 생떼로 오해하기 쉽습니다. ADHD와 ASD 중 어느 한 특성에 따른 것이라면 무조건 야단치지 말고, 순서 지키기 규칙을 잘 설명해줍니다.

충동성 때문에 놀고 싶다는 마음이 너무 강하면 발작을 일으킬 수도 있습니다. 그럴 때는 일단 그 장소에서 벗어나 "순서를 지키지 않으면 놀 수 없단다. 줄을 잘 서야 놀 수 있어요"라고 부드럽게 알려줍니다.

규칙을 이해하지 못하는 경우도 마찬가지로, 나란히 줄 선 모습을 그림으로 그려서 보여주면 더 잘 이해할 수 있습니다.

끈기 있게 계속해서 설명해주고 줄을 잘 섰을 때는 충분히 칭찬해줍시다. 그러면 '해냈다!'는 기쁨 때문에 기억에 잘 남습니다.

---

**'어쩌면 나도?'라고 생각하는 당신에게** **생활 힌트!**

## 순서를 잘 지키기는 하지만, 너무 힘듭니다. 다른 방법은 없을까요?

### 남몰래 내가 나에게 보상해준다

ADHD의 특성인 충동성은 정도의 차이는 있지만 성인이 되어서도 남아 있기 쉽습니다. 사회의 규칙이니 따르고는 있지만, 아무리 애써도 줄 서는 게 고역인 사람은 자신에게 보상을 주면 어떨까요? 예를 들면, '오랫동안 순서를 기다린 날은 맥주 한 병 추가' 같은 것도 좋습니다. 성인이 되면 아무도 칭찬해주지 않으니 스스로 자신에게 보상을 주는 것입니다. 질색하던 일이 즐거워질지도 모릅니다.

# 20 성급해서 업무나 사적인 일에 늘 덤벙대고 안달복달한다

ADHD의 과잉행동·충동성은 성급하다는 특징으로 나타나기도 합니다.

Y 씨(38세, 남성)는 업무 중 상대가 전화를 늦게 받으면 짜증을 내고, 메일 회신이 늦어지면 역정을 내면서 즉시 대답을 요구하는 경향이 있습니다. 회의에서 결론이 나지 않을 때도 조바심을 냅니다. 메일로 문의가 들어오면 숙고하지 않고 생각나는 대로 후다닥 회신을 해버리다 다소 거친 표현을 쓰기도 하고, 때로는 지레짐작하다가 실수하기도 합니다. 반대로 설명을 너무 생략해서 이해하기 어렵게 말할 때도 있습니다. 한마디로 온종일 덤벙덤벙, 안달복달하는 것이 Y 씨의 일상입니다. 반대로 Y 씨 입장에서는 어떻게 주변 사람들은 그렇게 느긋할 수 있는지 이해가 안 갑니다. 비발달장애인과는 시간 감각이 다르다고 해도 좋을 것입니다.

다만 Y 씨는 그런 자신의 특성을 자각하고, 고민도 합니다. 조급한 마음을 누군가에게 폭발시켰을 때는 시간을 두고 반성하며, 마음이 진정되면 먼저 전화해서 사과하거나 사죄와 함께 정정 메일을 보낸다고 합니다.

**과잉행동·충동성 때문에 빨리 결론을 내고 싶어 한다**

하지만 본인은…

## 어릴 때부터 줄곧 이런 성격. 나아지는 날이 올까?

어릴 때부터 성격이 급했던 나는 친구들이 모두 굼뜨다고 생각했다. 지금도 회사에서는 요주의 인물이 되어버린 것 같다. 오늘은 후배의 말이 길어지는 걸 못참고 "빨리 결론을 말해!" 하고 신경질을 부리고 말았다. 좀 더 침착하게 행동하고 싶었는데. – Y 씨(38세, 남성)

**포인트!**

- 성급한 것이 나쁘지만 않다.
- 불필요한 말은 최대한 생략할 것.

➡ 서로 맞춰가는 사이에 자신도 효율적으로 변한다.

성급함은 발 빠른 대응이나 일의 신속성과도 연결됩니다. 특성으로 이해하고 대응 방식에 변화를 줍시다.

성급한 사람은 불필요한 것을 싫어합니다. 결론부터 말함으로써 대화를 신속하게 이어가는 게 좋습니다. 혹시 이야기를 끝까지 듣지 않으려 하면 "제가 좀 이야기해도 될까요?" 하고 부드럽게 말해봅시다.

행동을 예측하고, 다음 일을 미리 준비해두는 자세도 중요합니다. 성격이 급한 상사에게 업무를 보고할 때는 추궁당할 것에 대비해 답변을 준비해둡니다. 약속 장소에는 조금 일찍 도착하도록 합니다.

이처럼 성급한 사람에게 맞추다 보면 자연스럽게 자기 생각이나 행동이 효율적으로 변하는 장점도 있습니다.

**'어쩌면 나도?'라고 생각하는 당신에게  생활 힌트!**

## '성급하다!'는 말을 듣기도 하는데, 정말 그런 걸까요?

### 하지 말아야 할 행동을 의식적으로 떠올려보자

성급한 것이 반드시 단점은 아니지만, 그런 성향에 너무 휘둘리는 사람도 있습니다. 만약 그런 자신을 바꾸고 싶다면 하지 말아야 할 일을 의식적으로 떠올려봅시다. '타인의 말을 가로막지 않는다', '보채지 않는다', '음식점에서 채근하지 않는다', '타인이 말할 때 끼어들지 않는다' 등등. 이런 '하지 말 것'을 정해두고 잘 지키다 보면 당신은 상대하기 훨씬 편한 사람이 될 것입니다.

# 21 새로운 물건을 보면 앞뒤 생각 없이 충동적으로 사고, 금방 싫증 낸다

부모님과 함께 사는 회사원 U 씨(25세, 여성)는 새로운 것에 쉽게 혹하고, 마음에 드는 물건을 바로 사버리는 습관이 있습니다. 가게 앞에 섰다가 얼떨결에 빨려 들어가, 정신이 들고 보면 이미 무언가를 구입한 뒤인 적도 자주 있습니다. 취미나 배우는 일에도 이것저것 연달아 손을 댑니다.

U 씨 같은 ADHD인은 새로운 자극에 이끌려 흥미나 관심을 계속 옮겨 가는 '신기성(新奇性) 추구' 성향을 가졌을 수 있습니다. 그래서 상점에 매력적인 신상품이 눈에 보이면 속전속결로 구입합니다. U 씨는 당장 현금이 없으면 카드나 스마트폰으로 지불하고는 해 한 달 지출이 수입을 넘어설 때도 많습니다. 싫증도 잘 내서 금방 다른 물건으로 마음이 쏠립니다. 주위에서는 새로운 것을 좋아하는 사람 정도로 생각하기 쉽지만, 뇌의 특성 때문에 자극을 거부하지 못하는 것입니다.

이처럼 신기성 추구 성향이 있는 사람은 쇼핑뿐 아니라 도박이나 술 등 간단히 얻을 수 있는 순간적인 고양감에 빠지기 쉽습니다. 그 때문에 회사를 그만두기도 하고, 반복해서 대출을 받는 등 의존증에 쉽게 걸리기도 합니다.

## 뇌의 특성상 자극을 거부하지 못한다

## 금방 싫증이 나서 아깝긴 한데

돈이 넉넉한 것도 아닌데 눈에 들어온 물건이나 흥미를 유발하는 물건은 나도
모르게 즉시 사게 된다. 인터넷 쇼핑이 간단해서 그런지 어쩌다 보니 매일 밤
새로운 것을 주문하고 있다. 뭐든 금방 싫증이 나니 아깝다는 생각은 들지만….
– U 씨(25세, 여성)

**포인트!**

- 신용카드류 관리 및 결제 앱 삭제.
- 수입에 알맞은 구매 규칙을 정한다.

➡ **다소 강압적으로라도 즉시 낭비를 중단시킨다.**

본인이 자각하고 있더라도, 돈이 얽힌 문제는 심각한 결과를 초래하기 쉽습니다. 가족이 빠르게 대처합시다. 우선 신용카드나 현금카드를 관리해야 합니다. 제한 없는 낭비로 이어지기 때문에 가족이 맡아두고 필요에 따라 건네도록 합니다. 스마트폰 결제 앱은 보는 데서 삭제하게 하고, 자동으로 결제가 진행되는 쇼핑 사이트는 탈퇴합니다.

이렇게 응급처치를 한 후 '매월 얼마까지는 좋아하는 것을 구입해도 좋다'는, 본인의 수입에 적당한 쇼핑 규칙을 함께 만듭니다.

새로운 것을 사고 싶은 충동은 늘 생기기 때문에 실제로 사기 전에 정말로 원하는 것인가를 자문하고 가족과 의논하는 습관을 들입니다.

'어쩌면 나도?'라고 생각하는 당신에게 **생활 힌트!**

## 쇼핑을 너무 좋아해서 돈이 모이지 않습니다. 미래가 불안해요

**무료 가계부 앱으로 수입과 지출을 확인한다**

저축을 못해서 고민인 ADHD인은 반드시 무료 가계부 앱을 활용해보기 바랍니다. 늘 가까이 두는 스마트폰을 활용하면 소소한 구매 이력도 즉시 입력할 수 있습니다. 수입과 지출을 입력할 때마다 '이번 달 남은 돈은 00원!' 하고 보여주므로 게임을 하는 것 같은 기분이 들어 쇼핑 충동이 억제되기도 합니다.

# 02

. . . . . . . . . .

## 주변 사람과의
## 관계가 자꾸 어긋난다

ASD인은 매사에 중요도를 구분하지 못하고 모든 것을 같은 비중으로 처리하기도 하고, 한 가지에 집중하느라 주변을 신경 쓰지 못하기도 합니다. 반대로 ADHD인은 주의력이 잘 유지되지 않아 의식이 사방으로 흩어져, 한 가지 일에 집중하는 것이 어려워 끝내지 못하는 경우가 있습니다.

원인은 각각 다르지만 결과적으로는 기대한 만큼 일에서 성과가 나지 않거나 건강을 해칠 만큼 뭔가에 빠져들어 주위 사람에게 큰 걱정을 끼치고는 합니다.

이 장에서 소개하는 특성이나 그에 동반되는 트러블의 대부분은 이전부터 대표적으로 잘 알려진 것들입니다. 이 책의 주요 내용과도 연결되는 부분인데, 일단 발달장애인이 '보는 세계'에 초점을 잘 맞춰 공감하는 것이 중요합니다. 무리하게 바꾸려 하지 말고, 본인들이 할 수 있는 것과 잘하는 것은 더 잘하게 돕고 잘 못하는 것은 보완해주는 방향으로 대응합시다. 발달장애인 중에는 비발달장애인에게는 없는 우수한 능력을 가진 사람도 있습니다. 능력을 발휘할 수 있는 자리에 발달장애인을 배치하고 개성을 신장시키는 활동을 부여하면 그 사람이 인생의 멋진 꽃을 피우는 데 도움이 될 것입니다.

# 22 할 일을 '뒤로 미룬다'. ASD와 ADHD가 다른 원인은?

꼭 해야 할 일을 뒤로 미루는 것은 ASD인과 ADHD인에게 공통으로 보이는 특성입니다. 다만 그 원인은 다를 수 있습니다.

ASD인은 우선순위를 정하지 못하는 특성 때문인 경우가 많습니다. O 씨(30세, 여성)는 몇 가지 업무가 겹치면 어디부터 손을 대야 할지 어려워합니다.

반면에 ADHD인 D 씨(25세, 남성)는 급하게 해야 하는 중요한 업무 중 전화가 걸려 오거나 메일이 오면 즉시 그 일을 처리하는 데 신경을 집중합니다. 그러다 정작 중요한 일은 마감 시간을 넘겨버립니다. 만족스럽게 일을 마무리하지 못하는 것입니다. 이처럼 ASD인과 ADHD인은 각기 다른 이유로, 우선해야 할 일을 뒤로 미루는 경향이 있습니다. 결과적으로 기한이 임박하거나 마감을 넘겨 주변에 민폐를 끼치는 일이 많아 본인들도 고민입니다.

**우선순위를 정하지 못하는 ASD인과
다른 데 정신이 팔리는 ADHD인**

## 해야 할 일은 알지만, 또 다른 업무가 생기는걸

급히 해야 할 일을 인지하고는 있지만, 컴퓨터를 켜면 메일이 몇 건씩 들어와 있어서 답하다 보면 눈 깜짝할 사이에 한 시간이 지난다. 업무를 하는 중 또 다른 안건의 메일이 오면 자꾸 그쪽에 신경이 쓰여서 정작 중요한 업무는 뒤로 밀린다. – D 씨(25세, 남성)

## ASD인과 ADHD인은 '미루는 습관'에 대한 대응책이 다르다

**ASD인에게는**

**ADHD인에게는**

포인트!

- ASD인에게는 우선순위를 확인시켜줄 것.
- ADHD인에게는 집중할 수 있는 환경을 만들어줄 것.
- ➡ **특성을 잘 판별해 도움을 주는 것이 중요하다.**

ASD인에게는 중요한 안건의 경우 '무엇을 언제까지'라고 명시해줍니다. 메일로 보내거나 메모하게 해서 나중에 본인이 재차 확인할 수 있도록 해두면 중요하다는 것을 계속 의식할 수 있습니다.

ADHD인에게는 정신이 산만해지지 않는 환경을 조성해줍니다. 단순한 일이지만, 책상 주변을 정리하게 한다든가 간이 파티션 설치를 허가해주기만 해도 집중도가 달라집니다. 또 긴급한 일을 맡길 때는 "방해받지 않게 작업실에서 해요" 하고 말해주는 것도 좋겠지요. 직장 환경에 따라, 완벽할 수는 없겠지만 가능한 한 잡음이 제거된 환경을 만들어줍니다.

똑같이 미루는 습관이더라도 ASD인과 ADHD인의 대응책은 다릅니다.

'어쩌면 나도?'라고 생각하는 당신에게 **생활 힌트!**

## 업무의 우선순위를 잊지 않는 좋은 방법이 없을까요?

**매일 아침 투두 리스트를 써서 보이는 곳에 붙인다**

투두 리스트(to-do list)를 매일 아침 새로 써봅니다. 맡은 업무를 모두 적고 가장 먼저 해야 할 일에 '◎' 표시를 합니다. 그 외의 업무는 마감이 빠른 것부터 번호를 매기고, 다시 순서대로 정렬합니다. 잘 보이는 곳에 붙여두고 리스트에 따라 업무를 진행합니다. 마무리 지은 업무에 체크 표시를 하면 성취감을 느낄 수 있습니다. 리스트를 매일 아침 새로 작성하면 업무의 우선순위가 머릿속에 각인될 것입니다.

## 언제까지 할 건데? · 좀 더 효율적으로 하자

# 23 핵심을 파악하지 못하고, 일 처리가 늦다

ASD인 F 씨(28세, 여성)는 일 처리가 효율적이지 못하다는 평판 때문에 직장에서 눈치가 보입니다. 회의록 작성만 하더라도 요점만 골라서 발췌하지를 못합니다. 한 글자 한 글자 출석자의 모든 발언을 빼놓지 않고 긴 시간을 들여 적다 보니 상사로부터 중요한 것만 적으라는 지적을 받습니다. 하지만 그녀는 어느 부분이 중요한지 모르겠어서 당혹스럽기만 합니다. 이것은 132페이지에서 소개한 O 씨의 우선순위를 정하지 못하는 특징과도 상통하는 면인데, 모든 사물을 같은 비중으로 느끼는 뇌의 특성에 따른 것으로 생각됩니다. 주위에서는 불필요하다고 판단하는 정보도 F 씨나 O 씨는 모두 주워 담고 있는 것입니다.

참고로, 발달장애 성향이 있다고 알려진 일본의 화가 야마시타 기요시는 그림을 그릴 때 여행지에서 보고 기억한 풍경을 마치 프린터처럼 처음부터 순서대로 그린다고 합니다. ASD인 중에는 기억력이 뛰어난 사람도 있는데, 한 번 본 영상을 구석구석 치밀하게 기억하기도 합니다. 화가 야마시타 기요시 역시 그런 타입이었는지도 모릅니다.

## 모든 사물을 같은 비중으로 감지한다

## 게으름을 피운 것은 아닌데

회사에서 자료 작성 업무가 맡겨지면, 늘 정해진 시간 내에 마치지 못합니다. 며칠간 야근해서 만들어내면 '너무 길다'는 한마디로 퇴짜를 맞습니다. 결국 선배에게 수정 작업이 맡겨졌습니다. 늘 열심히 업무에 매진하지만, 주변 사람을 질리게 할 때가 많아서 슬퍼요. – F 씨(28세, 여성)

## 적성을 찾아 업무에 도움이 되도록 주변 사람이 도움을 주자

ASD인이 모든 사물을 같은 비중으로 보는 것은 뇌의 특성 때문이므로, 주변 사람의 영향이나 도움으로 개선하는 데는 한계가 있습니다. 각자의 성향에 따라 다르겠지만, ASD의 특성을 이해하고 당사자에게 맞는 업무를 배정해줄 필요가 있습니다.

예를 들면 F 씨는 제품 설명서나 계약서 교정 같은 업무를 매우 잘하겠지요. 비발달장애인이라면 문장의 내용에 정신이 팔려서, 혹은 중요한 부분이 아니라는 선입견 때문에 간과하게 되는 문장도 일관성 있는 눈으로 잘 체크해줄 것입니다.

물론 증상의 정도 등에 따라 할 수 있는 일이 각기 다르므로 개개인에게 적합한 일을 찾기가 쉽지는 않겠지만, 부디 방법을 찾도록 정성껏 도와주세요.

---

'어쩌면 나도?'라고 생각하는 당신에게  **생활 힌트!**

## 매일매일 야근을 합니다.
## 모두 어떻게 그리 빨리 일을 마치는 걸까요?

### 자신의 업무 태도를 돌아본다

ASD인은 '이게 아닌데'라고 판단되는 작업에 시간을 빼앗기고는 합니다. 예를 들면, 사내 자료를 만들 때 서체나 글자 크기, 어미 등을 고민하다가 몇 번이나 수정하는 것입니다. 이런 사소한 부분에 집착하지는 않는지 자신의 업무 태도를 되돌아봅시다. 퇴근 시간이 되면 '됐어, 나머지는 내일!' 하고 모드를 전환합니다. 소리 내어 말해보는 것도 중요합니다.

# 24 상황의 변화에 임기응변으로 대응하지 못한다

ASD인은 오늘도 내일인 것처럼, 1년 후도 10년 후도 오늘인 것처럼 시간이 계속 이어지는 듯 느끼는 경우가 있다고 합니다.

승진과 함께 이동 명령을 받은 ASD인 H 씨(30세, 여성)는 객관적으로 좋은 일임에도 불구하고 상당한 고민에 빠졌습니다. 그녀는 자신이 예상 밖의 일에 임기응변으로 대응하지 못한다는 걸 알고 변화를 피하며 살아왔기 때문입니다. 비슷한 특성을 가진 ASD인 중에는 매일 출퇴근을 할 때 가던 길로만 가는 사람도 있습니다. 전철이 레일 위를 달리는 것처럼요. 이따금 공사 때문에 길을 우회해야 하면 돌연 마음에 동요가 일어납니다.

이런 시간 감각은 22페이지에서 소개한 '동일성 유지' 특성의 하나이며, 이 때문에 비발달장애인처럼 시시각각 변화하는 상황에 대응하거나 앞을 미리 내다보는 것은 불가능한 사례가 적지 않습니다. 갑자기 상황이 달라지면 공포감을 느껴 그 자리에서 움츠러들고는 합니다.

**동일성을 유지하려는 특성으로 인해 같은 시간이
계속 이어지는 감각을 갖고 있다**

## 지금 하는 일을 언제까지나 계속할 줄 알았는데

사회인이 된 지 7년째다. 계속 같은 부서에 있다 보니 최근에는 하는 일이 매일 대부분 예정대로 진행되어 기분 좋게 일했다. 하지만 얼마 전 부장님이 "신설된 부서의 주임으로 일해주길 바란다"고 말씀하셔서 패닉 직전이다. 난, 지금 이대로가 좋은데…. - H 씨(30세, 여성)

# ASD인이 가진 특수한 감각을 이해하고, 안성맞춤인 안정적인 업무를 준다

- 비발달장애인과는 전혀 다른 시간 감각을 가질 수 있다.

- 변화를 공포로 인식한다.

➡ 해당 분야의 전문가로 만들어보자.

계속해서 같은 시간 속에 살고 있는 감각을 상상해봅시다. ASD인들은 1년 후나 10년 후에도 지금 이 순간과 같은 상태가 계속된다는 느낌 속에서, 환경이 변하지 않는다고 믿으며 마음을 안정시키기도 합니다. 그런 ASD인은 변화가 심하지 않은 규칙적인 일을 좋아하고 또 잘합니다. 마음이 안정된 상태면 몇 시간이라도 집중해서 계속 일하기도 합니다.

주변 사람들은 이런 특수한 감각을 이해하고, 가능한 한 변화 없이 일할 수 있는 환경을 제공해주어야 합니다. 줄곧 한 부서에서 업무를 하며 전문 지식이나 노하우를 많이 축적해 '전문가', '척척박사'로 불리는 사람이 있습니다. ASD인이야말로 그런 잠재력을 가진 인재인 경우가 많습니다.

'어쩌면 나도?'라고 생각하는 당신에게 **생활 힌트!**

## 계속 새로운 일에 도전해야 하는 회사 생활, 변화를 따라가지 못하겠습니다

### 무리하게 맞추려 하지 말고 환경을 바꿔봅시다

만약 주변 속도를 따라가지 못해서 고민이라면 필요에 따라 자신의 특성을 분명히 드러내고 비교적 변화가 적은 부서로 이동을 청해보는 것은 어떨까요? 고통을 감내하면서 자신을 환경에 맞추려고 하면 언젠가는 몸과 마음에 그 영향이 나타납니다. ASD가 아니더라도 변화를 불편하게 느끼는 사람은 세상에 많습니다. 중요한 점은 자신에게 맞는 환경을 선택하는 것입니다.

## 25 뭔가에 빠지면 정신을 못 차리고, 일상생활이 무너진다

> 이제 좀 그만하면 어때?    그러다 건강 나빠지겠어!

발달장애 중에서도 ASD인은 뭔가 좋아하는 일이 생기면 거기에 몰두해 다른 일은 눈, 귀에 전혀 들어오지 않는 경향을 강하게 나타내기도 합니다.

ASD인 J 씨(18세, 남성)는 컴퓨터 게임에 푹 빠져서 잠자고 먹는 일도 잊은 채 게임만 합니다. 만성적인 수면 부족 상태일 만큼 과몰입 상태입니다. 가족이 걱정하는 소리에도 귀 기울이지 않고, 장래에 대한 희망은 거의 보이지 않습니다.

J 씨는 게임을 하고 있을 때 가장 '살아 있음'을 실감한다고 합니다. 시간을 비교적 융통성 있게 쓸 수 있는 편의점 아르바이트를 직업으로 삼은 것도 게임 때문입니다. 비발달장애인은 그렇게까지 한 가지 일에 빠지기는 어렵습니다. '내일 일에 지장을 주지는 말아야지', '밥을 잘 먹어야지' 생각하며 힘을 아껴두지만, J 씨에게는 지금 이 순간밖에 보이지 않습니다. 진료할 때면 "적어도 밤에는 게임을 그만두고 자도록 하세요" 하고 말해보지만, "게임은 제 인생에서 가장 중요한 일이기 때문에 그럴 수는 없습니다"라는 대답이 돌아오곤 합니다.

**'과몰입'을 해 잠과 식사 같은 기본적인 것을 잊어버린다**

## 게임은 내 인생의 구원자. 너무 중요해서 양보할 수 없다

사는 게 힘들다고 느껴왔지만 게임을 하고부터는 내 인생이 달라졌다. 대회에 나가 이겼을 때는 정말로 삶의 기쁨을 느꼈다. 게임이 최우선이니 수면 시간을 줄이는 건 어쩔 수 없는 일이다. 앞으로도 일은 최소한만 하고, 게임 중심으로 살아갈 작정이다. – J 씨(18세, 남성)

145

## ASD인이 뭔가에 빠졌다면, 응원하는 마음을 보이면서 타협점을 찾아내자

포인트!

- 본인에게는 삶의 기쁨, 인생의 중심이다.
- 주변 사람이 반대하면 반발만 살 뿐이다.
- ➡ 본인의 의견을 받아들이며 응원하는 자세를 보이자.

무언가에 몰두하는 특성을 잘 살리면 특정 분야에서 전문가가 될 가능성도 있습니다. 다만 생활에 지장을 준다면 그에 대한 대응이 필요합니다.

무리하게 저지하면 반발만 사기 쉬우므로 대화는 감정이 진정되었을 때 합니다. 다짜고짜 부정하지 말고 응원하는 자세를 보여줍시다. 그런 다음에 일상생활을 유지하는 범위 내에서 좋아하는 것을 할 방법을 함께 생각해봅니다. 일방적으로 제안하지 말고, 본인의 의견을 반영하는 것이 중요합니다.

또 제삼자의 도움을 받는 것도 방법입니다. J 씨라면, 본인이 몰두한 분야에서 존경받는 게임 선배 같은 사람이 게임 시간은 스스로 컨트롤하자는 조언을 하면 귀 기울일 가능성이 높겠지요.

'어쩌면 나도?'라고 생각하는 당신에게 생활 힌트!

## 재택근무로 시간 감각을 잃어 아침까지 계속 일해요

### 강제적으로 현실에 복귀하는 구조를 만들자

재택근무를 하면 소음이 적어 집중력을 높일 수 있지만, 시간 감각을 잃기 쉽습니다. 시간이 되면 TV가 켜지도록 한다든가 스마트폰을 이용해 음악이 나오도록 설정해두면 강제적으로 현실로 되돌아올 수 있습니다. 아침까지 이어서 일하면 순조롭게 업무를 하는 것 같아도 실제로는 뇌가 움직이지 않아 생산성이 떨어집니다. 최적의 상태에서 놀라운 집중력을 발휘할 방법을 생각해봅시다.

# 03

. . . . . . . . .

## '당연한' 일에 대한
## 이해가 부족해서,
## 잘 대응하지 못한다

발달장애인이 지각을 잘 한다는 건 널리 알려진 사실입니다. 많은 사람이 수면 장애가 생기면 늦잠을 자거나 주의가 산만해지는 것처럼, 발달장애인이 일의 우선순위를 잘 파악하지 못하거나 지각을 하는 것은 특유의 성질 때문입니다.

또 방 안이나 책상 위를 정돈하지 못하고 물건이 늘 흐트러져 있는 현상도 주의력 산만이나 충동성에서 원인을 찾을 수 있습니다.

목욕을 안 하거나 전철, 특히 지하철을 타지 못하는 것은 ASD인에게 보이는 감각 과민이 원인일 수 있습니다.

이처럼 비발달장애인은 '당연'하게 여기며 해내는 일들을 발달장애인은 하고 싶어도 못 하는 배경에는 본인 나름의 이유와 노력으로도 어쩔 수 없는 특성이 자리한 경우가 많습니다.

그리고 그런 문제는 약간의 장치와 대응으로 상당 부분 해결되기도 합니다.

각각의 세부적인 문제에 대해서는 구체적인 방법을 알아보고 조속하게 대응합시다.

그런 발 빠른 대응도 발달장애인과 편하게 살아가기 위한 요령입니다.

# 26 아침에 잘 일어나지 못하고, 밤에 늦게까지 잠들지 못한다

발달장애인에게 수면장애가 함께 발생하는 일이 많은 것은 분명합니다. 약 40~60%가 그런 증상을 보입니다. ADHD인 M 씨(21세, 남성)도 그중 한 사람입니다. 매일 아침 일어나기가 힘들고, 일어난 후에도 오전에는 거의 멍하니 지냅니다.

발달장애인은 야행성인 경우가 많아서, 밤에는 의욕이 왕성해 자지 않고 다양한 활동을 하지만 아침이 되면 기력을 완전히 잃는 일이 적지 않습니다. M 씨도 매일 밤늦게까지 게임이나 SNS를 계속할 때가 많습니다.

아이들도 수면 문제를 겪습니다. K(8세, 여아)도 밤에는 쉽게 잠들지 못하고 낮에 조는 경향이 있습니다. 수면장애가 등교 거부를 유발하기도, 수업 중에 자는 문제로 이어지기도 합니다. 주변에서는 무심코 '빨리 자면 되잖아' 하고 가볍게 해결책을 제시하기 쉽지만, 그리 간단한 문제는 아닙니다. 과잉행동이나 집중력, 감각 과민 등에 기인한 스트레스 혹은 흐트러진 생활 습관이 원인으로 추측되기 때문입니다. 또 뇌 기능이 원인이 아닐까 하는 설도 주목을 받고 있습니다.

**과잉행동, 과집중, 감각 과민 등에서 오는
스트레스나 흐트러진 생활 습관이 원인**

**주변에서 보면**

오늘은 빨리 이불 속으로 들어가야 해! 그래야 잘 수 있으니까.

네에…

K야!

꾸벅 꾸벅

**하지만 본인은…**

이불 속에 누워도 도무지 잠이 안 와.

다들 어떻게 밤에 잘 자는 거지? 아~ 놀고 싶다.

## 아직 초등학교 2학년인데 거의 밤을 새우다가 아침에는 일어나지 못합니다

초등학교 2학년인 우리 아이를 매일 아침 깨우기가 너무 힘이 듭니다. 크게 소리를 질러봐도 한 번에 일어나는 일이 없고, 벌컥 짜증을 냅니다. 밤에는 반대로 좀체 자려고 하지를 않으니…. 결국 선생님께 학교에서 항상 졸고 있다는 연락을 받았습니다. 성적이 뒤처지지 않을까 걱정입니다. – K(8세, 여아)의 어머니

## 접근하기 쉬운 방법은 생활 습관 개선. 밤 시간을 보내는 방법을 바꾸도록 돕는다

### 우선은 생활 리듬을 정비할 것

운동하는 습관

규칙적인 식사

일찍 자고 일찍 일어나기

균형도 중요하게!

### 그래도 개선되지 않으면 전문가와 상담한다

네

밤에
잠이
안 오니?

포인트!

• 어른과 아이 모두 생활 습관을 개선한다.

• 상담센터에서 도움을 받는 것도 고려한다.

➡ 발달장애인일수록 양질의 수면이 필요하다.

발달장애인의 수면장애는 대부분 특성에 기인한 불규칙한 생활 습관이 원인인 2차 장애입니다. 따라서 저는 어른이나 아이 모두에게 우선 생활 습관을 개선할 것을 제안합니다. 일찍 자고 일찍 일어나기, 규칙적인 식사, 운동 습관 등으로 생활 리듬 정돈해보기, 조명을 어둡게 하는 등 침실 환경 바꿔보기, 잠자리에 들기 전 루틴 만들기 등을 통해 수면의 질을 개선해갑시다.

그래도 어려움을 겪는다면 수면 클리닉에서 진료를 받아봅니다. 아이라면 지방자치단체의 정신건강복지센터나 소아청소년과에서 상담을 해봅시다. 수면장애를 가볍게 보아서는 안 됩니다. 수면 부족에서 오는 신경의 혼란이 발달장애 특성을 조장해 수면장애가 더 심해지는 악순환에 빠지기 쉽습니다. 발달장애인일수록 양질의 수면이 필요합니다.

**'어쩌면 나도?'라고 생각하는 당신에게　생활 힌트!**

## 심한 야행성으로, 수면장애 낌새가 있습니다. 하지만 자유로운 시간이 밤밖에 없어요

### 속는 셈 치고 '아침 활동'을 시작해보자!

게임이나 SNS, 만화, 유튜브 등에 빠진 사람은 밤이 아니라, 아침 일찍 일어나서 하는(보는) 것을 추천합니다. '아침 활동'을 시작하는 순간 수면장애가 깨끗이 해소된 사람도 많습니다. 아침에 일어나면 커튼을 열고 햇볕을 충분히 쬐는 것도 생활 리듬을 개선하는 데 도움이 됩니다. 눈에 들어오는 빛의 자극이 야행성 리듬을 무효화시키고, 신체를 휴식 상태로 유지시키는 멜라토닌이라는 호르몬 분비도 억제하기 때문입니다.

## 27 호불호가 극명하고, 늘 먹던 음식만 먹는다

맨날 같은 반찬이야? 다른 맛있는 것도 많아

발달장애인 중에서도 ASD인은 편식 성향이 심한 경우가 있습니다.

ASD인 I(15세, 여아)도 그중 한 사람입니다. I는 먹을 수 있는 식재료가 손에 꼽을 정도라서, 가족들이 매일 애를 쓰며 식단을 고민합니다. 다니는 중학교에서는 급식을 하고 있지만, 학교에 허가를 받아 도시락을 싸 간다고 합니다.

이런 극단적인 편식의 원인으로 지적받는 것은 ASD의 특성 중 하나인 '감각 과민'입니다. 미각이나 후각, 시각, 촉각 중 어느 하나 혹은 복수의 감각이 과민한 ASD인은 비발달장애인이 느끼는 것보다 몇 배나 큰 자극을 받으며 살고 있습니다. 극단적인 편식 경향을 보이는 사람은 신맛이나 쓴맛 등을 이상할 만큼 강하게 느끼기도 하고, 반대로 감각이 둔해 잘 느끼지 못하기도 합니다. 음식의 식감이나 온도가 먹기 힘들 정도로 불쾌하게 느껴지는 경우도 많습니다. 그런 경험이 쌓인 결과, '이 정도면 안심하고 먹을 수 있다'고 느끼는 소수의 음식만 받아들이게 됩니다. 즉 단순한 '호불호'로 편식을 하는 게 아닙니다.

**감각이 과민해 불쾌하게 느끼는 음식이 많다**

## 다들 어떻게 태연히 잘 먹을 수 있지?

카레, 미트소스, 햄버그스테이크 모두 찐득하고 이상한 맛이 나서 싫다. 고기의 물컹한 식감이 싫다. 튀김은 입안이 따끔거려서 싫다. 내가 좋아하는 건 흰살생선과 감자와 흰밥…. 다른 친구들은 어떻게 태연히 이것저것 다 먹을 수 있는 걸까? - I(15세, 여아)

## 억지로 강요하지 말고, 영양 균형에 신경 쓰면서 먹을 수 있는 음식이 늘어가기를 기다린다

**싫어하는 음식 리스트**

- 튀김 …… 튀김옷이 입안을 자극하기 때문에
- 카레 …… 맛이 강해서 삼킬 수 없다
- 고기 …… 씹으면 기분이 나쁘다
- 생선구이 …… 모양이 오싹하다

화내지 않을 테니, 싫은 이유를 모두 말해보렴.

**포인트!**

- 단순히 투정을 부리며 편식하는 게 아니다.
- 불쾌감을 느끼는 대상의 유사성을 파악하자.
- ➡ 따뜻한 시선으로 도와줄 수 있는 사람은 가족뿐!

한창 성장기에 있는 아이가 편식을 하면 가족이 걱정하는 것은 당연합니다. 때로는 "투정 부리지 말고 먹어!"라고 강하게 말하고 싶겠지요. 하지만 무리하게 강요하면 먹지 않는 것만 더욱 늘어나는 결과를 초래하기 쉽습니다.

이럴 때는 차분히 본인의 이야기를 한번 들어보고, 먹지 않는 음식의 어떤 점이 싫은지 정리해봅시다. '조금이라도 매우면 싫다'든가, '바싹한 식감이 싫다'든가 하는 식으로 불쾌감의 정체를 구체적으로 알면 먹을 수 있는 음식도 찾기 쉬울 것입니다.

결코 단순히 투정을 부리며 편식하는 것이 아님을 이해하고, 먹을 수 있는 것을 늘려가도록 따뜻한 시선으로 도와주세요.

## 맛은 싫지 않은데, 딸기를 보면 '우웩' 토가 나오는 건 왜일까요?

### 어쩌면 시각이 과민한 것일 수도 있다

미각이나 식감(이것은 촉각이지요)이 과민할 때만 편식을 하는 것은 아닙니다. 어쩌면 딸기의 새빨간 색이나 표면에 즐비한 오톨도톨한 씨가 거슬려 불편함을 느끼는 건 아닐까요? 이것은 시각의 감각 과민 때문입니다. 딸기 맛을 좋아하고 먹고 싶다면, 으깨거나 눈을 감고 입안으로 쏙 넣어보세요. 불편함이 느껴지는 포인트를 제거하는 것도 방법입니다.

| 예민해서 그런가? | 아무것도 두려워할 필요 없어요 |
| --- | --- |

# 28 소리에 민감해서 전철을 타지 못한다

발달장애인 중에는 전철에 타기를 꺼리거나 무서워서 아예 안 타는 사람이 있습니다. 몇 가지 이유가 있겠지만, ASD인은 우선 감각 과민이 원인입니다.

감각 과민이란 청각, 촉각, 시각, 후각, 미각 중 어느 하나 혹은 복수의 감각이 매우 예민해서, 보통 사람은 신경 쓰이지 않을 만한 자극에도 민감하게 반응하고 큰 스트레스를 느끼는 증상입니다. ASD인 N(11세, 여아)은 청각이 예민해 꽝꽝 울리는 소리가 무서워 좀처럼 지하철을 타지 못합니다. 역시 ASD인 A 씨(18세, 남자)도 청각 과민이어서, 다른 사람에게는 들리지 않는 형광등의 지지직거리는 소리가 들립니다. 그 외에도 옆 사람과 부딪히는 것을 못 견뎌서 혼잡한 전철은 타지 못하는 촉각 과민인 사람도 있습니다. 빛에 과도하게 반응하는 시각 과민인 사람도 있고, 특정한 냄새나 맛을 자극으로 느끼는 후각 과민이나 미각 과민인 사람도 있습니다. 반대로 그런 자극에 반응이 둔감한 특성이 나타나는 사람도 있습니다.

발달장애인은 비발달장애인과는 다른 오감을 느끼며 살기도 합니다.

## 비발달장애인과는 다른 오감으로 살아가고 있다

## 지하철이 최악이지만, 그 외에도 견디기 힘든 상황은 아주 많다

지하철은 매우 큰 소리가 나기 때문에 타고 싶지 않다. 통학로도 큰 도로는 트럭 소리가 커서 무섭다. 학교에서도 쉬는 시간에 교실에 있으면 모두들 떠드는 소리가 시끄러워서 힘들다. 집에서도 가끔 오빠가 TV 보는 소리가 거슬려 다투게 된다. - N(11세, 여아)

## 억지로 적응시키려 하지 말고, 도구를 이용해 스트레스의 원인을 제거한다

- 억지로 자극에 적응시키려 하면 역효과.
- 무섭지 않다고 말해줘도, 본인은 무섭다.
- ➡ 느긋하게 대응할 것. 성장과 함께 완화되기도 한다.

감각 과민인 경우 억지로 자극에 적응시키려 하면 공포감만 심해지는 역효과가 납니다. "무서운 거 아니야", "괜찮아"라는 말도 본인 귀에는 들어오지 않습니다.

아이가 청각 과민으로 전철에 타지 않으려고 한다면, 소음을 제거하는 디지털 귀마개나 헤드폰 형태의 방음 기구인 이어머프(earmuff)를 구입해 쓰도록 합시다. 적당한 도구를 찾으면 편안하게 지하철을 탈 수도 있습니다. 물론 지하철을 타지 않는 선택지도 있습니다. 또 갑자기 닥쳐오는 자극에 패닉 상태가 될 수도 있으니 "전철이 가까이 다가올 때는 꽝 하는 소리가 날 거야" 하고 미리 알려서 마음의 준비를 하도록 돕는 것도 필요합니다.

성장하면서 완화될 수도 있으니, 천천히 도와주세요.

## '어쩌면 나도?'라고 생각하는 당신에게 생활 힌트!

# 소리는 괜찮지만,
# 전철을 타면 불안하고 숨쉬기가 힘듭니다

### 불안장애가 있어 전철을 못 타는 사람도 있다

발달장애와는 다른, 광장공포증이라는 일종의 불안장애 때문에 전철을 타지 못하는 사람도 있습니다. 도망갈 곳이 없는 장소에 있으면 공포감을 느끼는 것으로, 모든 역에 정차하는 전철은 괜찮지만 정차 역의 간격이 긴 급행 전철은 타지 못하는 사람도 많습니다. 불안장애도 노력으로 해결하기는 어렵습니다. 누군가와 동행한다면 자신은 불안장애가 있어서 급행 전철은 타지 못한다고 솔직하게 얘기합시다.

# 29 늦으면 안 되는 걸 알면서도, 매번 지각한다

지각은 발달장애인에게 매우 빈번히 보이는 특징으로, 이미 발달장애인을 가리키는 대명사와 같습니다. 다만 시간에 주의를 기울이지 않아 그리되는 것은 아닙니다. 애써 준비하는데도 왜인지 매번 지각을 하게 됩니다. 가장 큰 원인은 뇌의 특성상 시간을 어림셈하는 능력이 부족하다는 것입니다.

ADHD인 W 씨(21세, 여성)는 취업 활동에 중요한 면접에 지각하고 말았습니다. 화장에 15분, 옷 입는 데 10분쯤 소요될 거라고 예상했지만, 실제로는 각각 30분이나 걸렸습니다. 평소에도 태평하게 준비하다가 시간이 없어서 직전에 허둥대거나 뭘 먼저 준비해야 할지 몰라 혼란스러워하기 일쑤입니다. 시간을 어림셈하는 능력 외에도 시간이나 장소를 착각하는 부주의함, 이동 중 다른 데 정신이 팔리는 산만한 주의력 등도 복합적인 이유입니다.

한편 ASD인은 외출 전 뭔가 다른 일에 집중하고 있으면 좀체 외출 준비 태세로 전환하지 못합니다. 또 준비 중이나 이동 중에 예기치 못한 일이 발생하면 임기응변으로 대응하지 못해 늦기도 합니다.

**시간을 어림셈하는 능력 부족이 가장 큰 원인**

## 지각해도 된다고 생각하지도 않고, 매번 반성도 하지만

어릴 때부터 지각이 잦았는데, 얼마 전에도 큰 면접을 앞두고 늦고 말았다. 일찌
감치 준비하려고 마음먹지만, 정신 차리고 보면 출발 예정 시간이 지나 있을 때
가 많다. 늘 신경을 써도 그렇다. 늦어도 된다고 생각하지 않는데도 매번 그 모
양이니 좋은 방법이 없을까? – W 씨(21세, 여성)

# 시간 계산에 서툰 본인 대신 가까운 사람이 소요 시간을 확인시켜줄 것

가장 단순하고 효과적인 지각 방지책은 실제로 모이는 시간보다 15분 이른 시간을 알려주거나 제출물의 기한을 하루 앞으로 안내하는 등 시간을 당겨서 설정하는 것입니다.

또 미리 필요한 시간을 물어보고, 본인이 말한 시간의 세 배쯤 걸릴 것을 예상하고 준비를 시작하도록 독려하는 것도 효과적입니다. 저는 이것을 '예상 시간×3의 법칙'이라고 부르고 있습니다.

일을 시작하기 직전에 여러 정보가 들어오면 해야 할 일의 우선순위가 헷갈리기 쉽습니다. 함께 회사에서 출발하는 상황이라면 한 시간 전에 필요한 자료를 확인하게 해 출발 직전에 허둥대는 일을 방지합시다. 뇌의 특성에서 비롯한 지각하는 습관은 간단히 개선되지 않습니다. 상대에 맞는 몇 가지 대책을 준비해두는 것이 좋습니다.

'어쩌면 나도?'라고 생각하는 당신에게 **생활 힌트!**

## 지각하는 습관이 고쳐지지 않아서 고민입니다. 뭔가 대책이 있을까요?

**일상적으로 하는 일에 걸리는 시간을 기록해 붙여둔다**

양치질이나 옷 입기, 화장 같은 반복되는 일을 하는 데 어느 정도의 시간이 걸리는지 한번 기록해보기 바랍니다. 그런 다음, 예를 들어 '화장 15분'이라고 적어놓고 보이는 곳에 붙여둡니다. 막연하게 시간을 앞당겨 행동하지 말고 종이에 적어놓고 가시화함으로써 시간을 정확하게 역산하는 것입니다. 이 방법은 일할 때도 효과가 있으니 꼭 시도해보기 바랍니다.

## 30 목욕을 하지 않으려는 아이. 도대체 무엇이 싫은 걸까?

> 왜 욕실에 안 들어가는 거야?

> 씻으면 상쾌할 텐데…

발달장애아 중에는 의외로 욕조에 들어가기 싫어하는 아이도 있습니다. 이유를 몇 가지 들어볼 수 있는데, ASD인 Y(5세, 남아)는 154페이지에서도 소개한 감각 과민으로, 특히 촉각 과민이 두드러집니다. Y는 보통 사람이라면 아무렇지도 않은 샤워기의 물줄기를 통증으로 느끼기 때문에 샤워를 싫어합니다. 뜨거운 물이 얼굴과 귀에 닿는 것을 아주 싫어하는 아이도 있습니다. 우리가 '기분 좋다'고 느끼는 목욕이 고통스럽기만 한 것입니다. 확실히 보고 느끼는 세계가 다른 것 같습니다.

같은 ASD인 C(7세, 여아)는 특유의 집착이 상당히 강해 좋아하는 비누나 샴푸가 떨어지면 패닉 상태가 됩니다. 그래서 "오늘은 목욕 안 할래!" 하고 말할 때도 있다고 합니다.

ADHD인은 목욕만 싫어하는 것이 아니라, 매일 같은 시간에 같은 일을 하는 걸 힘들어하는 특성 때문에 그와 비슷한 일들도 싫어하는 경우가 적지 않습니다. 매일 세면대에서 세수하거나 이를 닦는 게 너무나 귀찮게 느껴지는 모양입니다.

**목욕은 고통스럽기만 할 뿐
왜 해야 하는지 이해를 못 할 수도 있다**

## 샤워기를 쓰지 않아도 목욕을 싫어한다

우리 아이는 샤워기의 물줄기가 닿으면 철썩철썩 맞는 것 같다면서 매우 아파합니다. 욕조에 담긴 따뜻한 물을 끼얹는 정도는 괜찮은 것 같아서 샤워기는 사용하지 않습니다. 그래도 여전히 목욕은 싫어해서, 매일 몸을 씻기는 데 애를 먹고 있습니다. - Y(5세, 남아)의 어머니

## 기분 좋게 목욕하는 방법을 찾아보고, 목욕을 해야 하는 이유를 분명히 알려준다

포인트!

• 무리하게 매일 목욕을 강요하지 않는다.

• 기분 좋게 목욕할 방법을 모색하고 칭찬으로 흥을 돋운다.

➡ 목욕의 의미와 즐거움을 알려준다.

예를 들어 샤워가 싫은 아이에게는 "욕조에 몸을 담그기만 해도 된단다"라고 하면서 씻는 일에 친숙해지도록 하는 것이 중요합니다. 매일 억지로 목욕을 강요하기보다, 처음에는 이틀에 한 번꼴로 욕조에 들어가게 하고 "깨끗해졌구나~ 향기가 좋네~"같은 말로 듬뿍 칭찬해줍시다. 샤워용 모자, 부드러운 거즈나 스펀지, 향기가 좋은 샴푸나 비누 등 본인이 좋아하는 도구를 찾아, 조금이라도 기분 좋게 욕조에 들어갈 방법을 찾아봅니다. 욕조에 장난감을 띄워주어도 좋겠습니다.

목욕은 주변 사람에 대한 에티켓이기도 합니다. 본인은 그 점을 깨닫지 못할 수도 있으니, "목욕을 안 하면 더러워지고 냄새도 나서 주위 사람까지 기분이 나빠진단다"라고 말하며 목욕의 의의와 이유에 대해 분명하고 알기 쉽게 설명합시다.

---

'어쩌면 나도?'라고 생각하는 당신에게  **생활 힌트!**

## 어릴 때부터 줄곧 목욕 질색쟁이. 일주일간 하지 않은 적도 있습니다

### 목욕의 메리트는 크다. 꼭 극복할 것

나는 왜 목욕을 좋아하지 않는 건지 그 이유를 한번 말로 표현해봅시다. 분명 대부분 가장 큰 이유는 '귀찮아서'일 것입니다. 하지만 목욕의 장점은 많으니 귀찮음을 이겨낼 즐거움을 찾아보는 건 어떨까요? 방수 스피커로 음악을 들어도 좋고, 책을 읽어도 좋을 것입니다. 요즘은 입욕 상품도 다양하니 목욕 질색쟁이 극복을 위해서라도 꼭 살펴보기 바랍니다.

## 으악, 방이 더럽잖아!  좀 치워볼까?

# 31 정리도 못하고 버리지도 못한다. 지저분한 방 주인의 실체는?

ADHD인 J 씨(23세, 여성)는 정리 정돈을 잘 못합니다. 책상 주변에는 물건이 흘러넘치고, 거의 매일 뭔가를 찾고 있습니다. 가끔 지적을 받으면 정리해야겠다고 순간적으로나마 정신을 차리지만, 얼마 지나지 않아 원래대로 돌아갑니다. 자신의 방도 같은 상태라고 합니다.

정리 정돈이 서툰 것은 ADHD인에게 상당히 자주 보이는 특성입니다. 주의가 산만한지라 꺼내놓은 것을 팽개치고 다른 것에 마음을 빼앗기거나 무심결에 자료나 잡지를 탐독하는 경우도 있고, 공간 인식능력이 부족해 자리를 효율적으로 활용하지 못하는 경우도 있습니다. 또 ASD의 특성도 함께 있는 경우는 우선순위를 잘 정하지 못해 불필요한 것도 버리지 못하고 보관하기도 합니다. 게다가 충동성 때문에 관심이 가는 것을 계속 사들입니다. 당연히 지저분한 정도는 더 심해지겠지요. 주위에서는 '아주 태평하네' 하고 생각하겠지만, 본인도 그 상태가 편치는 않습니다. 주의가 산만하기 쉬운 ADHD인은 본래 정돈된 공간에서 더 안정감을 느낍니다.

**충동적이고, 부주의하고, 우선순위를 정하지 못한다**

## 정리하고 싶은 마음은 있지만, 도무지 잘 안 된다

내 방을 본 사람은 대부분 "정리 좀 하는 게 좋겠어"라고 말하지만, 나도 이런 상태가 좋지는 않다. 항상 '오늘은 꼭 해야지' 마음먹고 정리를 시작하지만, 아무리 치워도 방이 깨끗해지지 않는다! 이유도 모르겠고, "누가 좀 도와줘!"라고 외치고 싶은 심정이다. — J씨(23세, 여성)

**어디부터 손을 대야 좋을지 모른다.
가까운 사람이 정리법을 알려주도록 하자**

포인트!

- 분류와 처분을 함께 생각한다.
- 구획을 나눠 하루 한 곳을 정리하는 습관을 들인다.

➡ 정리된 상태를 유지하는 것이 중요하다.

단순히 "정리해"라고 말하면 늘 주의가 쉽게 산만해지는 ADHD인은 어디부터 손을 대야 좋을지 모릅니다.

일단 필요한 것을 취합해 한곳에 모으는 일부터 시작해봅시다. 그러고 나서 '지금 필요한 것', '일단 보관해둘 것' 등으로 대충 분류하고, 각각을 보관할 장소를 정합니다. 이런 분류 기준은 어떻게 정하든 상관없습니다. 불필요한 것이 확실한 물건(분명 많이 있을 겁니다!)은 반드시 처분하도록 합니다.

중요한 점은 그 후에도 유지하는 것입니다. 물건을 두는 장소나 양을 결정함으로써 물건이 늘어나는 것을 방지할 수 있습니다. 책상 위나 서랍 속, 책장 위 등 구획을 나눠 반드시 하루에 한 곳씩 정리하는 습관을 들이도록 독려합니다. 이 방법은 성인과 어린이 모두에게 효과가 있습니다.

---

**'어쩌면 나도?'라고 생각하는 당신에게** 　생활 힌트!

## 남들은 너저분하다고 말하지만, 저는 이 상태가 제일 마음 편합니다

### ASD인에게는 자기만의 규칙이 있을 수 있다

똑같이 어질러진 상태인데도 ASD인은 '그래야 물건 찾기가 쉽다'는 본인만의 규칙이 있기도 합니다. 또 ASD의 특성 중에는 컬렉터 기질이 있어서, 주변에서는 이해할 수 없지만 본인은 특정 물건을 보물로 여기기도 하지요. 본인의 마음이 편하다면 억지로 정리할 필요는 없을 겁니다. 다만 직장이나 학교 등 공공 공간이라면 최소한의 배려는 필요합니다.

## 32 주변의 떠들썩한 소리가 거슬려, 대화나 일에 집중하지 못한다

안 듣고 있는 거야?    집중 좀 합시다

158페이지에 소개한 청각 과민 문제와 관련해, 주변의 소리가 모두 같은 크기로 들린다는 사람도 있습니다. '칵테일파티 효과'라는 말을 알고 계십니까? 비발달장애인은 의식이 쏠리는 부분 이외의 잡음은 뇌 안에서 제거하기 때문에 시끄러운 곳에서도 타인과 대화할 수 있고 소음 속에서도 일에 집중할 수 있습니다. 하지만 청각이 과민한 사람은 그 힘이 약해 귀로 들어오는 소리가 모두 같은 비중으로 들리기 때문에 대화나 일에 집중하지 못하는 것입니다.

이벤트를 운영하는 부서로 이동해 근무하게 된 ASD인 회사원 K 씨(28세, 남성)는 사람들이 북적이는 곳에서는 누가 말을 해도 잘 들을 수가 없습니다. 주위 사람들의 목소리가 모두 같은 음량으로 들리기 때문입니다. 그래서 얼마 전에도 고객으로부터 "내 말을 무시했다"며 항의가 들어왔습니다. 또 K 씨는 시각 과민 증상도 있어서, 많은 사람이 움직이고 있으면 시선이 여러 곳으로 분산돼 피곤하다고 합니다.

**모든 소리가 똑같은 크기로 들린다**

174

## 떠들썩한 곳에서는 대화도 일도 할 수 없다

열심히 집중하려고 아무리 애써도 상대의 이야기가 귀에 들어오지 않습니다. 사무직으로 일할 때도 사람이 많아서 웅성웅성거리면 이야기 소리나 전화 소리가 귀에 거슬려 집중할 수가 없었습니다. 술집처럼 소란스러운 곳에서의 대화도 불편해 술자리 제의를 거절할 때가 많아 괴롭습니다. – K 씨(28세, 남성)

175

## 떠들썩한 환경이 본인에게는 고통 그 자체. 조용히 집중할 수 있는 환경을 마련해주자

그래서 주변의 소리가 시끄러우면 상대의 말을 거의 알아들을 수 없습니다.

그렇군, 그거 힘들겠네. 어떻게 하면 좋을지 좀 생각해보세.

툭툭툭

토 독 톡 톡

포인트!

• 자극에 계속 민감하게 반응하게 된다.

• 비발달장애인에 비해 쉽게 피로를 느낀다.

➡ 환경을 배려해주자.

모든 소리가 같은 크기로 들리는 세계를 상상해봅시다. 다양한 자극에 계속 반응하는 감각 과민인 사람은 매우 피곤해지기 쉽습니다. 특성을 이해하고 배려해주는 것이 필요합니다.

직장에서는 가능한 한 조용한 장소에 자리를 배치해주고, 회의는 소수로 진행하거나 줌(Zoom) 등을 통해 온라인으로 하는 방법도 있습니다. 책상 주변에 칸막이를 세워서 시각 및 청각 정보가 줄어들도록 하고, 소음 방지 헤드폰 착용을 허가하는 등 자극을 줄이는 환경을 마련해줍니다. 책상에서 전화기를 치우기만 해도 집중할 수 있습니다. 자신이 과민하다는 걸 자각하지 못하는 사람도 있는데, 어떤 점이 불편한지 슬쩍 물어보면 본인의 특성을 명확히 깨닫기도 합니다.

'어쩌면 나도?'라고 생각하는 당신에게 **생활 힌트!**

## ADHD인데요, 저 역시 북적이는 곳에서의 대화가 힘듭니다

**능동적으로 '조용하게 집중할 수 있는 환경'을 조성한다**

ADHD인도 떠들썩한 환경에서의 대화나 업무를 불편해합니다. 의식이 계속해서 신경이 쏠리는 곳으로 옮겨 가기 때문에 집중력을 유지하지 못하는 것이 주된 원인입니다. 위의 대응책에도 기술한 것처럼, 최근에는 주위의 잡음을 거의 완벽하게 제거할 수 있는 헤드폰이나 눈에 잘 띄지 않으면서도 헤드폰과 거의 동등한 효과가 있는 이어폰이 많이 판매되고 있습니다. 이런 문명의 편리한 도구를 꼭 활용해보기 바랍니다.

# 발달장애와 합병증

## 수많은 신경발달장애 가운데
## 유독 많은 ADHD와 ASD

신경발달장애군에는 ADHD와 ASD뿐 아니라, 특정학습장애(SLD), 지적능력장애군, 커뮤니케이션장애군, 발달성 협응장애, 그 외의 신경발달장애군 등이 있습니다. 이 책에서 다른 것은 생략하고 ADHD와 ASD로 범위를 좁혀 이야기한 이유는 이 두 가지 중 어느 하나의 특성을 가진 사람이 유독 많기 때문입니다. 일본에서는 대략 20명 중 1명이 ADHD, 100명 중 1명이 ASD라고 알려져 있습니다.

ADHD인과 ASD인은 상황에 어울리지 않는 발언을 하는 등 비슷한 증상을 보이는 경우가 있습니다. 하지만 증상이 발현하는 이유는 각기 달라 예를 들어 실언 같은 경우 ADHD는 충동성, ASD는 커뮤니케이션 장애로 인한 것으로 보고 있습니다.

ADHD와 ASD가 함께 발병하는 사람도 있습니다. 예를 들면 '침착성이 없다'는 ADHD인의 특성과 일견 그와 상반되어 보이는 '변화를 싫어하고, 규칙적인 일을 좋아한다'는 ASD인의 특성을 모두 가진 것입니다. ADHD인과 ASD인은 그 외에도 발달성 협응장애라든가 학습장애, 발달성 언어장애 등을 함께 갖고 있기도 합니다. 그런 복잡한 증상은 의료기관에서 진료받지 않으면 자세히 알기 어렵습니다. 발달장애가 의심되는 경우, 특성의 발현 방식에 따라 정신과나 소아정신과에서의 상담도 검토해보시기 바랍니다.

# 3장

특성을 개성으로 바꿔 살아간다

## 발달장애인만이 갖고 있는 강점

발달장애의 특성을 살려 긍정적이고 유의미한 인생을 살아가자

# 특성을 살리는 역할을 찾아 자신감 있게 살자

## ASD 편 1 | '동일성 유지'라는 특성을 살려 전문가로

'동일성 유지' 성향이 강한 ASD인은 같은 일을 반복하는 것이 힘들지 않은 경우가 많습니다.

매일 같은 일을 반복하다 보면 일의 수준도 향상될 테니, 반복성이 요구되는 직종에 도전해보면 좋을 것입니다.

또 미세한 데이터도 싫증 내지 않고 분석에도 뛰어나니 연구 지원직도 좋겠지요.

해외에서는 마이크로소프트 같은 IT 대기업이 적극적으로 발달장애인을 채용하고 그 특성을 살려 소프트웨어 개발을 하는 등 활약의 장을 마련하는 시도가 이뤄지고 있습니다. 발달장애의 문제점만 지적해온 우리에게도 머지않아 이런 물결이 찾아올지 모릅니다.

과잉행동·충동성 성향이 강한 ADHD인은 비발달장애인보다 활동적인 경우가 많으니, 그 강점을 살려봅시다.

실제로 기업인과 사업가 중에는 발달장애적 특성을 가진 사람이 적지 않습니다. '멀티력'으로 다양한 분야에서 새 시장을 찾아내고, 두려움 없이 행동하며 실천력과 상상력을 발휘하기 때문입니다.

이런 강점은 회사원으로 일할 때도 무기가 되며, 어린이 역시 친구들을 이끌어 가는 스타일로 사랑받을 수 있습니다.

다른 사람에 비해 많이 움직이고 관심 분야로 주저하지 않고 달려드는 왕성한 행동력은, 잘 사용한다면 오히려 주변의 부러움을 사는 특성이기도 합니다.

책을 딱 한 번 읽었는데 암기가 가능한 케이스는 특수한 사례지만, ASD인 중에는 기억력이 우수한 사람이 적지 않습니다. 청각보다 시각이 우위에 있는 특성 때문이라고 하기도 하고, 감각 과민으로 기억이 오래 유지되기 때문이라고 보는 견해도 있습니다.

이런 특성은 방대한 자료나 문헌을 읽고 정리하는 업무를 할 때 강점이겠지요. 예를 들면 법률기관이나 의료기관 같은 직장에서 활약할 수 있을 것입니다. 특정 사물에 보이는 집중력도 도움이 되겠지요.

기억력이 좋은 반면 힘든 일로 내몰리기 쉬운 측면도 있는데, 이것도 뒤집어 생각하면 과거의 실패를 잊지 않고 다음 일에 반영할 수 있으므로 강점입니다. 비발달장애인은 좀처럼 가질 수 없는 우월한 능력인 것입니다.

## ADHD 편 2 | '부주의'를 뒤집으면, 상상력이라는 강력한 무기

　부주의하고 주의가 산만한 ADHD인의 특성을 뒤집어 생각하면, 어느 하나에 집착하지 않고 연이어 신기한 것을 추구한다는 것입니다. 그런 성향의 사람은 아이디어로 승부하는 창의적인 일에 적합하다고 할 수 있습니다.

　부주의한 원인은 머릿속에서 끊임없이 생각이 떠오르기 때문입니다. 이러한 특성은 풍부한 상상력으로 참신한 아이디어를 생각해내거나, 관례에 얽매이지 않고 새로운 방법을 찾아내는 능력과 연관되어 있습니다.

　크리에이터 같은 특수한 직업뿐 아니라 일반적인 직무에서도 창의성이 필요한 업무는 많습니다. 기획서 하나를 만들더라도 초고나 프레젠테이션 등에서 독자성을 발휘한다면 '이 사람은 다르다'는 인상을 심어 줄 수 있을 것입니다.

감각이 과민한 사람은 보통 사람이라면 도저히 알 수 없는 사소한 변화나 차이를 느끼는데, 그러한 특성을 예술적으로 발휘하기도 합니다.

예를 들어 시각 과민인 사람이 보는 특정한 빛이나 색, 청각 과민인 사람이 듣는 보통 사람에게는 들리지 않는 소리는 예술에 필요한 독창성으로 이어질 수 있습니다.

실제로 역사에 발자취를 남긴 예술가 중에는 특정 색을 즐겨 사용한 화가도 있고, 독특한 노이즈를 도입한 음악가도 있습니다. 오늘날까지 이름이 전해 내려오는 예술가 중에는 발달장애적 성향이 있지 않았을까 추측되는 사람이 적지 않습니다. 감각이 과민한 사람은 비발달장애인과는 분명히 '다른 세계'를 보며, 일반적인 틀을 뛰어넘는 감성의 소유자라고 할 수 있습니다.

ADHD인은 그 특성으로 인해 트러블을 일으키기 쉽지만, 밝고 사교적이어서 사람들이 쉽게 좋아하고 분위기 메이커가 되는 경우도 적지 않습니다.

생각한 것을 바로 말하는 특성이 '숨기는 게 없다', '거짓말을 하지 않는다'는 평가로 이어져 신뢰받는 사람이 되기도 합니다. 정도에 따라 말이 왔다 갔다 할 때도 있겠지만 '말하기를 좋아하는 유쾌한 사람'으로 인식되기도 합니다. 또 부주의하다는 특성을 갖는 한편, 때에 따라서는 놀랄 만한 집중력을 보이는 '실전에 강한' 성향을 가진 사람도 있습니다.

이런 강점을 살려 자원봉사 같은 업무에서 힘을 발휘하는 ADHD인도 많습니다.

ASD인은 이치에 맞지 않으면 행동하지 않는 경향이 있습니다. 이는 즉 '감정에 흔들리지 않고 논리적으로 생각한다'는 장점이 있는 것으로도 생각할 수 있습니다.

사회에서는 아직도 눈치 보는 일이 중요합니다. 하지만 '이런 말을 하면 ○○ 씨가 반대하겠지' 같은 생각에 다들 말이 없을 때, 객관적인 입장에서 논리적으로 생각할 수 있는 사람도 필요합니다. 예를 들면, 반발을 사더라도 관리직으로서 수행하는 업무를 개혁해야 할 때 이런 특성이 활용됩니다. 의견을 구할 때 조언하는 존재로서 귀하게 대접받는 것도 이런 논리적 사고가 가능한 사람입니다.

직장이나 학교에서도 한 명 정도는 이렇게 분위기에 개의치 않는 사람이 필요하지 않을까요?

# 발달장애인이 가진 뇌의 특성이 인류를 발전시켰다?

인간의 뇌는 중심에 가까운 부위일수록 오래전에 발달했다고 알려져 있습니다. 가장 중심에 가까운 뇌간은 생물의 생존에 관여하는 본능적 행동을 관장하면서, 항상 움직이라는 명령을 내립니다. 그 바깥쪽의 대뇌변연계는 감정의 발로를, 더 바깥쪽의 대뇌신피질은 인지와 언어 기능, 학습 능력 등을 담당하고 있습니다.

발달장애인의 뇌는 진화 과정에서 일찍부터 발달해온 뇌간과 대뇌변연계의 작용이 비발달장애인보다 강하다고 알려져 있습니다. 이런 뇌를 가진 발달장애인의 특성이 인류를 발전시켰다는 설이 있다는 것을 알고 있나요?

예를 들면, 사냥을 하거나 물고기를 잡을 때 ASD인의 뛰어난 기억력은 포획물의 행동을 파악하고, 언제 어디에서 잡을 수 있을지를 예측할 때 유리하게 작용했을 것입니다. 장인 기질로 도구를 발전시키고, 과민한 감각으로 기후변화를 감지해 농사일에 도움을 주었겠지요. ADHD인의 위험을 겁내지 않고 도전하는 특성은 인류가 무수한 기술혁신을 이뤄낸 것과도 관계가 있을지 모릅니다.

제한적이지만 특정 영역에 뛰어난 특성은 집단 내에서 유리하게 작용해 인류를 발전시켜온 요인이 되었을 가능성이 있습니다. 오히려 자랑스러워해도 좋지 않을까요?

# 이 사람도 발달장애였다!

니토리 홀딩스(Nitori Holdings) 그룹의 회장 니토리 아키오는 일흔을 넘긴 나이에 ADHD 진단을 받았다고 합니다.

어릴 때부터 주의가 산만해서 다른 사람의 말을 잘 듣지 않고, 정리 정돈도 잘 못하는 데다 물건 잃어버리기 선수였다고 합니다. 초등학교 4학년 때까지 자신의 이름도 한자로 쓰지 못했다고 합니다.

성인이 되고 나서도 상당히 어려움을 겪었다면서, 한 취재 기사에서 "나는 발달장애 덕분에 성공할 수 있었다"고 말한 것이 인상적이었습니다. 앞에서도 언급한 ADHD의 특성인 행동력과 상상력이 자신을 성공으로 이끌었다고 생각했는지도 모릅니다.

경제 평론가인 가쓰마 가즈요, 라쿠텐 그룹 창업자인 미키타니 히로시, 미국 기업 테슬라의 일론 머스크 등 최근에는 자신의 발달장애적 성향을 밝히는 사람도 적지 않습니다. 물론 대부분은 '내게는 발달장애적인 특성이 있다'는 의미로 한 말인 듯하지만, 발달장애의 특성이나 성향이 있더라도 자신의 강점을 살려서 활약할 수 있음을 알 수 있을 것입니다.

지금 당신이 있는 곳 혹은 새로운 곳에서 당신이 가진 특성을 강점으로 변화시킬 수 있기를 바랍니다.

당신 주변에
아주 살짝 다른 세계를 보는 이들이 있을 거예요.
그들이 유니크한 개성을 무기 삼아
활약할 수 있는 미래로 나아가길.

# 발달장애 치료에는 어떤 방법이 있나?

## ADHD의 과잉행동과 부주의는
## 약물로 완화할 수 있다

정신과 클리닉에서는 발달장애 환자에 대해 상담뿐 아니라 투약 치료를 하는 경우
가 적지 않습니다.

ADHD 치료용으로는 현재 '아토목세틴(atomoxetine)', '메틸페니데이트(methylphenidate)',
'구안파신(guanfacine)', '리스덱삼페타민(lisdexamfetamine)'이라는 4종의 약품이 인가되
어 있고, 효과가 가장 빠르다고 해서 임상에 자주 사용되는 것은 '메틸페니데이트
서방정(徐放錠)'입니다.
뇌 기능의 일부를 향상시키고 각성 효과가 있는 정신 자극제의 일종으로, 복용하면
전두엽의 움직임이 활성화돼 과잉행동과 부주의 같은 증상이 억제되고 집중력이 올
라갑니다.
리스덱삼페타민은 현재 소아에게만 사용할 수 있지만 같은 효과가 있다고 추정됩
니다.
효과가 높다고 알려진 이 두 가지 약제는 각성제 성질이 있어서 처방이 엄격히 제
한되고 일정 기준을 충족한 의사가 아니면 처방할 수 없으며, 환자도 등록돼 있어야
합니다.

아토목세틴이나 구안파신도 뇌 속에서 작용하는 방식은 다르지만, 최종적으로는 과 잉행동이나 부주의 같은 증상을 완화하는 효과가 있습니다. 뒤의 두 가지 약물은 앞 의 2종과 같은 엄격한 제한이 없는 일반 약제로, 다루기 쉽다는 장점도 있습니다.

## ASD라면 2차 장애의 고통을 줄일 치료법을 검토해야

반면에 ASD는 아직 직접적인 치료제로 인가받은 것이 없습니다. 하지만 2차 장애 로 나타나기 쉬운 우울증이나 공격성, 수면장애 등에 대한 효과적인 치료제는 있어 서, 대증요법으로 그것들을 처방하고 있습니다.

반드시 발달장애 치료제를 평생 먹어야 하는 것은 아닙니다. 성인보다 증상이 심하 게 나타나기 쉬운 아이일 때는 약으로 억제하고, 성장하면서 신경계의 발달과 더불 어 증상이 완화되면 약을 줄이면서 중단해가는 선택지도 있습니다.

물론 아이의 경우에는 그 특성이나 증상의 강도, 심적 고통을 잘 살피고 본인과 부 모의 의견도 존중하면서 투약 치료를 시작합니다.

성인도 약을 먹고 안정되어 있을 때 자신을 잘 돌아보고 그 특성을 보완하는 행동을 학습한다면, 약을 중단하더라도 사회적 적응성이 개선될 가능성이 클 것입니다.

이 책에서 소개하는 주변인의 도움이나 장치, 본인의 노력에 더해, 특성의 발현 방 식이나 본인의 고통, 어려움에 따라 투약 치료도 검토해볼 것을 권합니다.

'나는 왜 이해받지 못하는 걸까?'

'저 사람은 왜 그렇게 생각할까?'

이런 느낌은 비발달장애인 간의 커뮤니케이션에서도 자주 일어납니다. 서로의 의견이나 생각을 이해하고 존중하면서 관계를 구축하는 일의 어려움은 누구나 몸소 느끼고 있을 것입니다.

'그렇다면 뇌에 남들과 다른 특성을 가진 발달장애인의 생활 고충, 역경은 어느 정도일까?'

'그들이 보고 있는 세계를 소개함으로써, 특성을 깊이 이해하고 함께 살기 좋은 세상을 만들어가야 하지 않을까?'

이런 생각이 이 책의 출간을 고민하게 된 계기였습니다.


여기까지 읽어주신 독자라면 발달장애인은 결코 능력이 떨어지지도, 인간성에 문제가 있지도 않다는 것을 잘 이해하셨을 거라고 생각합니다. 오히려 그 특성을 잘 끄집어낸다면 비발달장애인과 동등한, 혹은 그 이상의 능력을 발휘할 가능성이 큰 사람들입니다.


그리고 그렇게 되기 위해서는 주변 사람들이 이해와 도움으로 환경을 조성해주는 일이 무엇보다 중요합니다. 제가 아는 그 방법들을 모두

이 책에 적었습니다. '발달장애인이 보는 세계'를 이해하고 적절한 자세로 그들을 대한다면, 커뮤니케이션이 원활해지고 불편하던 점도 하나씩 해결될 것입니다.

이 책을 읽은 발달장애인은 살면서 느껴온 고통의 정체를 앎으로써 적절하게 도움을 받게 되기를, 대책을 세워 조금이라도 불편한 점을 완화할 수 있기를 간절히 바랍니다. 그것만으로도 이 책의 목적은 달성되었다고 말할 수 있겠습니다.

다만 최근 들어 발달장애에 대한 인지도가 높아지면서 폐해가 발생하는 것 같기도 합니다. 안이하게 너무 많은 문제를 발달장애 탓으로 돌리려는 분위기가 있기 때문입니다.

환자가 찾아와 진단한 뒤 "당신은 발달장애가 아닙니다"라고 말씀드려도 수긍하지 않기도 합니다. 또 아이에게 조금이라도 이상한 경향이 보이면 '우리 아이가 혹시 발달장애인 것은 아닐까?' 하는 불안에 사로잡히는 부모도 끊이지 않습니다.

이 책에서 계속 강조하는 것처럼, 발달장애란 일종의 '뇌의 특성'입니다. 그리고 비발달장애인이라도 발달장애의 특성과 비슷한 성향을 가진 사람은 결코 적지 않습니다. 오히려 책에서 소개한 사례에 해당되는 것이 하나도 없는 사람이 더 적지 않을까요?

당연한 말이지만 이 책에서 소개한 특성을 갖고 있다고 해서, 곧 발달장애라고 진단할 수 있는 것은 아닙니다.

발달장애인가.
그레이 존인가.
비발달장애인가.

이런 진단에 얽매이지 말고, 누구나 가진 뇌의 특성과 성향에서 오는 불편을 해소하는 도구로서 이 책을 활용해주신다면 더없이 기쁘겠습니다.

마지막으로, 이 책을 집필하는 데 도쿄국제대학에서 특별 연구 지원과 인적 자원, 문헌 검색 등 많은 협력을 받은 것을 여기에 기록합니다. 다시 한번 깊이 감사드립니다.

정신과 의사 이와세 도시오

옮긴이 **왕언경**

대학에서 일본학을, 대학원에서 일본의 역사와 사회문화를 공부했다. 현재 외서 기획과 번역 일을 하고 있다. 옮긴 책으로는《ADHD·자폐 아이를 성장시키는 말 걸기》,《집에서 성교육 시작합니다》,《암이 사라지는 식사: 성공의 비결》,《사랑스럽고 예쁜 여자아이 옷》,《즈파게티로 쓱쓱 뜨는 클러치 백과 소품》,《마흔 살 습관 수업》등이 있다.

# ADHD · 자폐인이
# 보는 세계

초판 1쇄 발행 2024년 11월 20일

지은이    이와세 도시오
옮긴이    왕언경
펴낸이    명혜정
펴낸곳    도서출판 이아소
교 정    시소교정실
디자인    이창욱

등록번호 제311-2004-00014호
등록일자 2004년 4월 22일
주소 04002 서울시 마포구 월드컵북로5나길 18 1012호
전화 (02)337-0446  팩스 (02)337-0402

책값은 뒤표지에 있습니다.
ISBN 979-11-87113-71-3  03180

도서출판 이아소는 독자 여러분의 의견을 소중하게 생각합니다.
E-mail: iasobook@gmail.com